费米是20世纪的一位大物理学家，他有很多特点。他是最后一位既做理论，又做实验，而且在两个方面都有第一流贡献的大物理学家。

——华裔科学家杨振宁

1942年12月2日，费米带领的科学家团队第一次获得人类可以控制的核能。此前人类所有的能源都是直接或间接地来源于太阳能，这是人类第一次不通过太阳取得能源，是具有历史意义的事件。

——华裔科学家李政道

无论如何，费米为科学竭尽了全力，他是我们时代最后一位在理论和实验两方面都达到最高顶峰的物理学家，而且他研究的领域支配了整个物理学。

——著名物理学家塞格雷

KEXUE JUREN DE GUSHI

FEIMI

KEXUE JUREN DE GUSHI

FEIMI

费米是意大利最杰出的物理学家、诺贝尔物理学奖获得者，也是一位富有传奇色彩的科坛人物。费米是一位理论和实验双全的科学家，他一生在物理学的许多领域都有建树。其中最辉煌的成就，是他成功地实现了人类第一次链式反应，揭开了原子时代的新纪元。这是人类第一次按照自己的意愿释放原子核里蕴藏的巨大能量，不仅为制造原子弹奠定了理论和实验基础，也为后来人类和平利用原子能提供了金钥匙。杨振宁称他为“20 世纪所有伟大物理学家中最受尊敬和崇拜者之一”。

中国科普创作大奖得主松鹰倾情奉献

科学巨人的故事

KEXUE JUREN DE GUSHI FEIMI

费米

■ 松 鹰 著

山西出版传媒集团 · 希望出版社

宇宙的奥秘是无穷的，人类的探索也是无穷的……

——费　米

大自然为人类准备了什么，不管那可能是多么使人不愉快，人们都一定得接受：因为无知绝不会比有知更好。

——费　米

我喜欢体育运动，因为它给予我丰富的智慧和充沛的精力。而科学的成功正是需要人们为它付出脑力和体力的代价。

——费　米

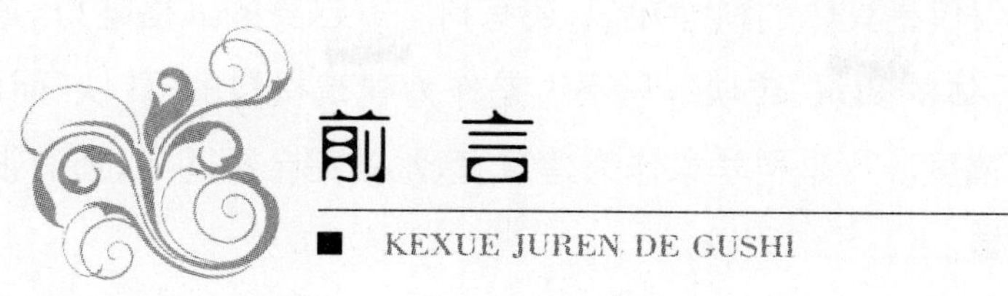

前言

KEXUE JUREN DE GUSHI

影响世界历史的人

刘兴诗

希望出版社隆重推出的《科学巨人的故事》，是松鹰撰写的十位科学家的传记。

哥白尼、伽利略、达尔文、牛顿、富兰克林、爱因斯坦、法拉第、卢瑟福、玻尔、费米……这些名字，每一个都是一部传奇，每一个都是科学史上的一座丰碑。他们不愧是影响世界历史进程的人。

这套《科学巨人的故事》出自同一位作者之手，风格统一，装帧精美，内容深入浅出，引人入胜。实属科学家传记文学中不可多得的精品。

郁达夫曾评价美国著名作家房龙说："房龙的笔，有一种魔力，但这也不是他的特创，这不过是将文学家的手法，拿来用以讲述科学而已。"

读松鹰这套《科学巨人的故事》，感觉作者的笔具有同样一种魔力。作者毕业于哈尔滨军事工程学院，是国家一级作家，既谙熟科学，又有深厚的文学素养，写科学巨人的生平故事，娓娓道来，妙趣横生，令人不忍释卷，读罢又耐人寻味。

科学家留给我们的遗产是什么？

不消说，是有用的科学知识。

人类的开化，历史的进步，正是一代代科学家，用精湛的科学知识"砖块"，垒砌而成的"摩天大厦"。

科学家留给我们最宝贵的财富是什么？

那就不仅仅是具体的科学知识，还有科学家自身的人格魅力。道理非常简单，一个个具体的知识“砖块”，只不过是作为建筑材料的“砖块”而已，并没有直接延伸的幅度。可是科学家作为建筑者，那就完全不同了，还有很多很多延伸扩展的领域。

让我们这样说吧。科学家贡献出的知识，那就是一块砖。不管多么伟大的科学家，生命总是有限的。不管是哥白尼、伽利略、牛顿，还是爱因斯坦，一生几十年也只能垒砌几块砖、几十块砖，最多一大堆砖而已。可是他们留下的生命经历和科学精神，却永远传诵在人间，写成传记故事世代流传，这才能鼓舞后来者继续奋进，构筑更加宏伟的科学宫殿。从这个意义来说，科学家传记文学不亚于科学本身，道理就非常清楚了。

松鹰这套《科学巨人的故事》就是这样的。它着眼的是阐述科学家孜孜不倦的探索精神，为社会服务、造福民众的思想境界，淡泊名利的高尚情操，以及坚持真理、不迷信权威的信念等等。

科学的道路并不平坦，需要踏踏实实一步一个脚印地攀登。从这个角度讲，我们学习科学家就不仅仅是一些具体的科学知识，更重要的是他们孜孜不倦的研究精神，不求名利的淡泊人生态度。牛顿是这样，法拉第、富兰克林、卢瑟福、玻尔、费米，以及许许多多科学家的人生轨迹，都留下了远比知识本身更加宝贵的精神财富。

松鹰这套《科学巨人的故事》就是这样的作品，我愿意在此向青少年读者们郑重推荐。

2012年3月18日于成都理工大学

目录

■ KEXUE JUREN DE GUSHI

★ **少年时代** …… 002

农夫的子孙 …… 003

神童兄弟 …… 005

鲜花广场的常客 …… 009

奇妙的陀螺 …… 011

初试啼声 …… 014

★ **大学生活** …… 018

比萨大学城 …… 019

“反邻居协会”会员 …… 021

博士学位 …… 023

罗马、哥廷根、莱顿 …… 026

★ **罗马学派** …… 030

寻找未来的坐标 …… 031

费米统计法 …… 033

25岁的教授 …… 036

一个学派的诞生 …… 040

“教　皇” …… 043

★ **成家立业** …… 047

“带轮的黄蛋壳” …… 048

迟到的新郎 …… 051

教授写书 …… 053

最年轻的院士 …… 055

初访美国 …… 059

★ **伟大的发现** …… 063

β衰变之谜 …… 064

中子炮弹 …… 067

轰击所有的元素 ………………………… 070
奇异的"靶" ………………………… 073
金鱼池里的辉煌 ………… 075

★ **诺贝尔奖** ………………………………………… 079
罗马学派的星散 ………………………………… 080
"墨索里尼永远正确" ………………………… 082
天赐良机 ………………………………… 085
接受诺贝尔奖 ………………… 087
定居美国 ……………… 090

★ **人类第一座原子反应堆** ……………………………… 094
惊人的消息 ……………………………………………… 095
科学家的警告 ……………………………… 098
神秘的芝加哥之行 …………………… 102
看台底下的成功 ……………… 105
原子时代的出生证 ……… 110

★ **蘑菇云之梦** ……………………………………………… 113
Y 基地 ………………………………………………… 114
与"魔鬼"打交道的人 ………………………… 116
第一颗原子弹的引爆 ……………… 120
可怕的蘑菇云 ……………… 124
世界的良知 ………… 127

★ **后继有人** ……………………………………………… 131
重返芝加哥 …………………………………………… 132
中国弟子 ………………………………………… 135
探索基本粒子之谜 ……………… 138
终生不悔 ……………… 142

★ **附:费米生平简历** ………………………………………… 145

美国芝加哥大学的校园里，有一座式样古老的建筑，掩蔽着一个废弃不用的足球场的西看台。在这个看台下面的旧网球场里，藏着一个具有历史意义的传奇故事。

大约在 1941 年初冬，第二次世界大战进行正酣时，有一天，几位神秘的不速之客来到这里。他们穿过看台下一扇笨重的大门走进网球场，饶有兴趣地四处打量着，一边比划一边议论着似乎很机密的事。领头的一位中年人个子不高，前额饱满，目光炯炯，说话带点意大利口音。他用灵活的脚步丈量了场地的尺寸后，脸上露出满意的神色。

不久，校长宣布在校园里禁止踢足球。西看台下面接着出现了保安人员。几周后，一个个装满石墨砖的条板箱在这里卸下来，网球场内渐渐垒起了一座黑色的圆墙。

那个气度不凡的中年人是谁？

网球场里的黑色王国究竟是做什么的？

大战胜利后，一位记者才披露了其中的秘密。1942 年 12 月 2 日，恩里科·费米和他的同事们在芝加哥大学足球场西看台底下，建成了人类第一座原子反应堆，并成功地实现了第一次链式反应！

恩里科·费米，就是本书的主人公。

少年时代

农夫的子孙

nongfudezisun

恩里科·费米出生于意大利一个祖辈都是农民的家庭。

费米的祖父斯蒂凡诺是一个体格敦笃、意志刚强的矮个子老头，不苟言笑，喜欢喝酒。斯蒂凡诺年轻时离开乡下，投到帕尔玛公爵门下当差。当时意大利还分裂为许多小公国，帕尔玛公国是意大利南部的一个小国。由于斯蒂凡诺吃苦耐劳、忠心耿耿，很得公爵的赏识，后来被提升为一个小郡的官吏。

斯蒂凡诺是费米家族中第一个放弃种地、离开乡土的人，他的这一行动改变了整个家庭的社会地位，并为子孙后代带来全新的生活和机遇。可以说，祖父的人格和信念造就了费米一家的未来。尽管在费米童年的记忆里，祖父只是一个面孔和善、因患关节炎而弯着两腿的小老头。

费米的父亲阿尔伯特是斯蒂凡诺的次子，为人厚道勤勉，对知识非常渴求。阿尔伯特对做小官吏不感兴趣，一心想学习新的科学技术，投身实业。但是斯蒂凡诺对儿子严厉有加，按照农村祖辈的传统，还未成年就叫阿尔伯特自己去谋生路，学会自立，因此阿尔伯特学业还未学完，就进入了社会。失去大学深造的机会自然是遗憾的事，不过阿尔伯特从小却养成了坚忍不拔的性格。这也是斯蒂凡诺身上所具备的品质，这种优秀的秉性后来又遗传给了费米。

当时意大利正在兴建铁路，这给许多有才干的人提供了就业的机会。阿尔伯特幸运地进入铁路部门做了雇员。

这位农民的儿子继承了斯蒂凡诺的奋斗精神和敬业品质，在工作中兢兢业业，勤学苦干，渐渐掌握了铁路管理的知识和行政方面的经验。他的为人和成绩赢得了同事们的尊敬，也得到上司的器重。虽然阿尔伯特没有上过大学，

但凭着自己的本事和努力，后来当上了段长。这个职位通常只有具有大学学历的人才有可能问津。有趣的是，如果把铁路局比作一个小公国，那段长的职位恰好和“郡吏”差不多。阿尔伯特和斯蒂凡诺虽然走的人生道路不同，父子俩的造化却旗鼓相当。

由于铁路修建的流动性大，阿尔伯特的足迹随着钢轨的延伸几乎走遍了整个意大利。他把大好的青春献给了意大利的铁路事业，直到41岁才顾上结婚。这时他已经结束了流动生涯，在罗马定了居。

阿尔伯特的妻子名叫艾达·德·格蒂斯，比他小14岁，是一位聪慧的小学教师。夫妻俩共生了三个孩子，恩里科·费米排行老幺，生于1901年9月26日。费米的哥哥朱里奥只比他大一岁，姐姐玛利亚比他大两岁。费米儿时长得瘦小，其貌不扬。

由于三个孩子岁数相仿，格蒂斯照顾不过来，朱里奥和恩里科两兄弟小时候被送到乡下寄养。

朱里奥运气好，不久就返回城里。恩里科直到两岁半才被接回家里，当时的一幕颇有点戏剧性。恩里科长得又瘦又小，皮肤黢黑，衣服也是脏兮兮的。姐姐玛利亚好奇地打量着这个小弟弟，朱里奥则在他的头上摸来摸去。恩里科不甘示弱，突然放开喉咙号啕起来，以显示自己的实力。

这时，母亲格蒂斯恰好走进来，一声厉喝：“小孩子不准撒野！”恩里科马上不做声了。许多年后，费米和同事们开玩笑时还常爱提起这件事。他说，他从来不同权威对抗就是从这时学会的。

母亲格蒂斯不仅管教孩子有方，治家也颇能干。费米一家住在铁路车站附近安波托亲王路的一栋公寓里，公寓的条件不算好，但生活起居安排得井井有条。阿尔伯特作为一家之主，对子女要求也很严格，他恪守着农民子孙必须从小吃苦耐劳的祖训，对三个孩子从不溺爱。

公寓里没有安装暖气，冬天天气很冷。费米一家从不用热水洗澡。家里有两个锌制的浴盆,大的一个父母用,小的一个归三个孩子。为了锻炼孩子们的体格和毅力,晚上在浴盆里盛满冷水,每天早晨起床后三姐弟都要服从纪律,跳进盆里洗冷水浴。开始时恩里科每次都是最后一个跳进去,第一个跳出来,因为水温常常在摄氏五六度以下,冷得让人发抖。后来他也能坚持这一家庭必修课了。阿尔伯特微笑着拍拍他的脑袋,算是给儿子的鼓励和嘉奖。

那套公寓他们住了很久,每年冬天三姐弟手上都要生冻疮。恩里科在家里看书,有时冻得把双手压在腿下,只能低下头用舌头舔着翻书页。

严格的家教使费米从小养成了坚忍的性格和吃苦精神,也增强了他的体魄,这为他将来的事业奠定了难得的基础。费米后来非常喜欢户外体育活动,也和儿时所受的锻炼有关。

神童兄弟

shentongxiongdi

费米家保存着一张童年时代珍贵的照片。照片是姐弟三人的合影:六岁的玛利亚穿着连衣裙、小皮靴,像个小公主;五岁的朱里奥同四岁的恩里科穿着水兵服,手牵着手,很亲热地拥在一起。恩里科留着卷发,像个小少爷。朱里奥留着小平头,挺着腰,一副老大哥模样。

这张照片是两兄弟亲密无间的写照。从儿时开始,朱里奥和恩里科既是亲兄弟,又是好朋友,这也许和他们年龄只相差一岁有关。两人一起读书游戏,形影不离,而且都很聪敏好学。弟兄两个就像一对双子星座,闪闪发亮,相互辉映,引来邻居不少赞叹的目光。这颇有点像玻尔两兄弟尼尔斯和哈若德的情形。要不是朱里奥后来遇到意外,很可能两人都能得诺贝尔物理学奖。

在三个孩子中朱里奥是最得宠的一个,他性格外向,对人热情开朗,很讨人喜欢。他更多地继承了母亲的血统。

朱里奥、恩里科(4岁)和玛利亚

相反,恩里科的性格却有点内向,他见到大人很害羞,加上个子瘦小,不爱讲话,同哥哥在一起显得有点少年老成的模样。但是在课堂上,恩里科的反应同朱里奥却不分上下,他的一双灰蓝色眼睛忽闪忽闪的,总像在探寻着什么。

不过相比之下,老师似乎更喜欢朱里奥。

沉默寡言的学生总是容易让人产生误解的。上小学时,因为字写得不漂亮,恩里科的作业常被语文老师扣分。每次在课堂上回答问题,恩里科都喜欢直截了当,从不多说一句无意义的话。他认为,废话就像打不中靶子的子弹,这种简洁的文风他后来一直保持在自己的学术论文中。但是在老师眼里,这却是缺乏想象力的表现。

上小学二年级时,有一次老师布置了一道造句,题目是铁可以制造什么。第二天作业交上来,恩里科写的是“铁可以制成一些床”。因为在上学的路上有一家专门生产铁床的工厂,门口挂着招牌。恩里科每天都要路过,印象很深。他的造句应该说是准确无误的,“一些”的意思表示并不是所有的床都是铁做的。

可是老师很不满意,认为他答得含糊不清,并且因此怀疑他的智商有问题。妈妈受老师的影响,也有点担心。

“这孩子是不是发育有问题呀?”她望着恩里科瘦弱的身体说。

“用不着担心,亲爱的!”阿尔伯特挽着妻子的手笑道,“你生了一对天才自己都不知道!”

俗话说:知子莫若父。阿尔伯特的话不久就应验了。

朱里奥和恩里科这对兄弟刚刚脱离幼年时期，就成了神童。

据说恩里科十岁时，就能独立地理解 $X^2+Y^2=R^2$ 这个方程式表示一个圆。那时他还在读小学。当课堂上还在教“牛儿在山坡吃草”时，兄弟俩已经在读成人科技杂志了。他们对小发明有特别浓厚的兴趣，而且动脑动手能力都不同凡响。

有一天，两人在一本杂志上看到一幅达·芬奇的飞机设计草图，顿时被迷住了。达·芬奇是意大利文艺复兴时代的巨匠，长着一脸花白胡子，早在400年前就提出飞机的天才构想。这位多才多艺的先哲不仅以油画名作《蒙娜丽莎》流芳百世，而且为后人留下许多珍贵的科学设想，飞机素描草图就是其中的一项。

达·芬奇自画像

“这老头真不简单！几百年前就能画出飞机来。”恩里科饶有兴趣地说。

“达·芬奇能想出来的，我们就能做出来，你说是吗？”朱里奥的口气充满自信。

“那是！”恩里科眼里闪着光芒，“我知道飞机怎么做。”

“真的？”这回轮到朱里奥惊奇了。

“关键是用什么动力带动螺旋桨。”恩里科说话的口气俨然一个行家，实际上，他也没有见过真正的飞机是什么样。

达·芬奇设计的飞行器草图

兄弟俩越说越来劲，经过一番热烈讨论，最后决定用电力带动飞机螺旋桨。当然，他们计划中的飞机只是一架航空模型。剩下的关键问题，就是如何制作一个电动机了。

姐姐玛利亚对他俩的打算半信半疑。

“自己做电动机！你们见过电动机是什么样吗？”

“没见过。”恩里科挠挠头俏皮地说，“不过爱迪生发明电灯之前见过电灯吗？”

“我们想得出，就一定做得到。”朱里奥说得很肯定。

姐姐还是不信，笑道：“两位爱迪生，祝你们说到做到哇！”说完，到客厅忙自己的扎花去了。

一连几个星期，朱里奥和恩里科一放学回来，就钻进小屋里捣鼓起来，有时从屋里传出阵阵不知什么工具敲打的声响，有时还传出一连串得意的吆喝。

“这两个小家伙在搞什么玩意儿呀？”母亲纳闷地瞅瞅紧关着的小屋门。

“他们在发明电动机。”姐姐拉长调子说。

“可别把沙发腿给锯啦！”父亲开玩笑地说。阿尔伯特对儿子的别出心裁一向报以宽容的态度。

终于有一天晚上，小屋门打开了，朱里奥和恩里科满面红光地宣布，他们的电动机做成功了。邻居的小伙伴们都兴致勃勃地赶来观看。他们的电动机设计得非常精巧，只要一接通电源，装在轴上的小螺旋桨就会呼呼地旋转起来。在场的小观众们全都看傻眼了，一张张天真的面孔洋溢着惊喜。

“啊，真的转起来啦！”玛利亚也为两个弟弟的成功而欢呼。

他们做的电动机功率太小，还不能带动模型飞机升空，但所有的小伙伴都被迷住了。

当时，父亲的同事阿米迪正好来做客，对两个小家伙的发明评价很高。

“这不大像小孩子的作品！”他爱不释手地端详着小电动机。

朱里奥和恩里科兴奋得满脸通红，傻乎乎地笑着。

鲜花广场的常客

xianhuaguangchangdechangke

1915 年冬天，一场意想不到的悲剧降临到费米家里。事情来得太突然，而且纯属意外，全家人谁也没有料到。

有一天，朱里奥从学校放学回来，感觉喉咙有些不舒服。母亲叫他张开嘴看了看，发觉他的嗓子眼旁边长了一个小脓包。由于是小毛病，也没怎么介意。朱里奥吃了一些消炎药，并不见好，后来脓包发展了，影响到呼吸。医生建议手术治疗，母亲同意了。

手术时间安排在一个上午。这本是一个常规小手术，手术之后，朱里奥就可以回家，也不需住院。到了约定那天，吃过早餐，母亲和姐姐陪着朱里奥上医院，恩里科到学校去上课，父亲阿尔伯特照常去铁路局上班。家里人谁也没有想到，这竟是朱里奥的最后一顿早餐。真是人世间的悲欢难测，生离死别就在眨眼之间。

手术进行时，母亲和玛利亚在大厅里安心地守候着。

突然，手术室里传出一阵混乱。由于医生的疏忽，朱里奥在麻醉剂还未注射完时，突然死在手术台上！

对母亲和玛利亚母女俩来说，这不啻晴天霹雳。一个意外的医疗事故，就这样轻易地夺去了朱里奥年轻的生命！他仅仅才 15 岁。

费米全家笼罩在巨大的悲痛中。

家庭的温馨和平衡破坏了，打击最大的是母亲，三个孩子中她最宠爱朱里奥。朱里奥活泼开朗，善解人意，很出众，同母亲也最贴心。失去爱子，一颗母亲的心破碎了。母亲终日以泪洗面，脾气变得越来越坏，有时情绪控制不了，就放声大哭。

恩里科的悲痛也是难以形容的，他从此失去了自己唯一的哥哥和最好的朋友，也失去了一个最佳的合作伙伴。

不过，恩里科的悲哀表现得更内在，也更深沉。他常常默默地翻阅和朱里奥一道读过的图书，或者拿起他们一块儿制作的玩具轻轻地抚摸着。这无言的悲痛更胜过大声的号哭。他不明白，上帝为什么要拆散他们这对双子星座？在朱里奥去世不到几天，他曾独自一人悄悄到医院去，在手术室门口站了很久。

丧兄之痛持续了很长时间才渐渐平复，恩里科变得成熟了，也更勤奋好学了。学习成了他填补内心孤独、充实自己的最好办法。本来就不爱多说话的他，显得更加沉默。不过，他那双淡淡的蓝眼睛里却燃烧着智慧和求知的欲望。书籍成了他唯一的伙伴。

没有多久，恩里科感到手边的书太不够用了。父亲长年忙于行政事务，家里没有藏书，恩里科能向同学借到的书也很有限。于是，他像猎狗一样到处打听好书，千方百计地寻找图书成了他最大的乐趣，他尤其喜欢有关数学和物理学方面的著作。

罗马城中有一个有名的广场，名叫鲜花广场。广场中心有一座布鲁诺纪念碑，300 多年前意大利著名的科学家布鲁诺曾被教会烧死在这里。广场的四周，有几条古老的街道，是传统的露天市场。这里什么都有卖的，吃的、玩的、古董、旧货，琳琅满目，非常热闹。恩里科放学后经常到市场上转悠，他兴趣最大的自然是旧书摊，因为在这里常常可以发现很有参考价值的书籍，而且价格相对比较便宜。他的零用钱都用来买书了。每得到一本好书，恩里科都如获至宝，高兴得几天睡不着觉。

每次恩里科从鲜花广场回来，都要兴高采烈地向姐姐玛利亚报告战果，希望有人分享自己的喜悦。可是玛利亚的爱好在文学和艺术方面，对科学书一点也没有兴趣，所以恩里科每次都是自得其乐。

有一天，恩里科买到一部两卷本的数学物理名著《数学物理基础》，作者是19世纪一位耶稣教会的物理学家，名叫卡拉法。书的内容涉及理论物理学方面的许多问题，博大精深。

“姐，这可是部大部头！”恩里科兴奋地把书翻给玛利亚看，“我今天就开始阅读。”

玛利亚温和地笑笑，她知道弟弟的脾气。

一连几天，玛利亚都得不到安宁，她的晚自习常常被恩里科振奋的议论声打断。

“姐！这书可是太有意思啦，你想都想不到，我正在学各种波的传播哩。”

玛利亚抬起头来，只见恩里科眼里闪闪发光。

“简直妙极了！”又一个晚上，恩里科像着了迷似的捧着书嚷道，“原来行星是这样绕着太阳运动的哟！”

最后，恩里科把全书读完了。他走到玛利亚面前说：“姐，这套书读完了我才发现，它是用拉丁文写的。”

“是吗？”玛利亚探过头去瞧了瞧书页，果然满纸都是拉丁文。

她惊讶地瞅着弟弟赞叹道：“恩里科，你真是个了不起的天才！”

恩里科得意地咧开嘴笑了。

“那是的！”他俏皮地对玛利亚说，“那你就是天才的姐姐啰！”

姐弟俩忍不住大笑起来。

奇妙的陀螺

qimiaodetuoluo

不久，少年费米认识了一个新伙伴，名叫恩里科·佩尔西科。说来也许是缘

分，他俩名字恰好一样，都叫恩里科。佩尔西科曾经和朱里奥同过班，比费米大一岁，也是一名高才生。

新的友谊使费米从孤独中走出来，他变得活泼开朗了。他性格中潜在的那种不安分和调皮的因子，也是这时开始表现出来的。俏皮，幽默，永远不知满足，外带随时冒出一打鬼点子来，让人防不胜防。到后来上大学时，费米常常和同伴们搞一些恶作剧，闹得学校天翻地覆，那是后话了。每逢星期三，费米和佩尔西科都要结伴到鲜花广场逛一逛。他们像寻宝一样在书摊上转来转去，耐心地寻找有学术价值或者有趣的参考书。他们口袋里的零用钱有限，好钢必须用在刀刃上，一般的书他们是不会花钱买的。

两个少年爱书如宝，但却不是书呆子，他们懂得理论必须与实践相结合。

费米从小就喜欢动手搞实验，那个曾让所有邻居小伙伴着迷的电动机，就是他和哥哥两人的杰作。据说费米上中学时还是制造小型电动摩托车的行家。

他们用自己制造的一些简陋的仪器，进行了许多相当精确的实验。诸如测定罗马自来水的比重、测量地球的磁场，他们还测出了罗马的重力加速度值 。可惜这些实验的细节，在费米的传记中没有留下记录。但有一点是可以肯定的，这些实验都超出了课本的范围，而且达到同时代实验物理学的专业水平。这些实践锻炼为费米将来的科研事业奠定了重要的基础。

俗话说：处处留心皆学问。费米和佩尔西科还非常注意观察日常生活中的现象，从其他少年司空见惯的事物中探寻奥秘。

那时年轻人都喜欢玩陀螺。这是一项轻松愉快而且谁都会玩的游戏，费米和佩尔西科也经常玩。陀螺通常是木制的，启动时用绳子缠住螺身用力一拉，陀螺就在地上旋转起来。用力越大，陀螺旋转越快。看上去，这是自然而然的事情，没有人觉得奇怪，也没有人问这是为什么。与大家不同的是，费米和佩尔西科注意到陀螺旋转时的一些奇特现象。两人在娱乐中也不忘探索科学的奥秘，而且打破砂锅问到底，非找到结果不可。

“为什么陀螺快转的时候,能保持它的轴一直朝上呢?”费米舞着绳鞭不解地问。

“是呀,即使开始时轴是斜的,后来也会自动竖立起来。真怪!”佩尔西科也觉得不好理解。

“你瞧,”费米指着地上转速渐慢的陀螺,让佩尔西科细看,“转速慢下来时它的轴变倾斜了。”

“的确,”佩尔西科的鹰钩鼻向前探着嚷道,“你注意到没有,轴端的轨迹正好画出一个圆!”

费米凝视着陀螺的顶端,两眼闪闪发光:“真是一个圆!这太奇妙啦!”

一种探求陀螺之谜的冲动把两人完全征服了,费米和佩尔西科决定用自己掌握的知识来解释陀螺运动轨迹的奥秘。这是一个很复杂的课题,远远超出了中学的知识范围,但是他们毫不动摇,于是,陀螺成了两人生活中的头等大事。在一段时间里,除了旋转的陀螺,仿佛世界上任何别的事情都与他们无关。

他们先是从力学出发来分析,后来发现中学教科书上的所有公式,都解决不了这一高难问题。两人并不退缩,继续努力,最后费米终于找到一种模拟的方法,成功地解释了陀螺的运动轨迹。不过,他用的是一种比较初级的笨办法,演算结果像小鬼画桃符,厚厚的一摞。如果他当时懂得大学课程里的动力学和高等数学的话,会少走许多弯路。

不过这次攻坚的壮举,着实让两个小伙子高兴了好一阵,并且大大地增强了费米献身科学的决心和自信。奇妙的陀螺成了他的科学向导。有趣的是,还有一位大物理学家在少年时也把陀螺当做科学玩具来研究,他就是预见电磁波的英国科学家麦克斯韦。

麦克斯韦在爱丁堡读中学时也爱玩陀螺,不过他的玩法和其他人不一样。麦克斯韦在陀螺上面贴上不同搭配的色块,观察陀螺旋转时色彩的微妙变化,他的发现后来应用到科研上。一个小小的陀螺,真是其妙无穷!

初试啼声

chushitisheng

费米的智力和求知欲发展很快,中学课堂的内容对他来说已经不够了。幸运的是,这时他遇到一位伯乐,对他的学习和未来志向帮助很大。

费米经常到铁路局办公室去接下班的父亲,然后一起散步回家。阿尔伯特的同事们都很喜欢他,其中有位名叫阿米迪的工程师,常常和他们一块儿散步。阿米迪曾见过费米兄弟制作的电动机,两个神童的发明给他留下了深刻的印象,当时他就发现费米的身上潜藏着一种创造的活力。

罗马的傍晚映着彩霞,一路上阿米迪总爱提些问题考考费米。

"恩里科,你知道意大利最伟大的物理学家是谁吗?"

"伽利略。"费米毫不犹豫地回答。

"意大利最伟大的建筑呢?"

"比萨斜塔。"

"一座歪歪的斜塔有什么伟大的?"阿米迪有意逗他。

"伽利略在塔上作过举世闻名的重力实验。"费米侃侃而谈,"它是意大利实验科学的象征,一座伟大的纪念碑!"

"阿尔伯特,你的公子还有点见解哩!"阿米迪称赞道。

"别听他瞎诈唬。"阿尔伯特温厚地一笑。

阿米迪从少年费米身上发现了一种惊人的潜力,这就是与众不同的思想、良好的素养以及对科学事业的热爱和向往。

"这是一匹好马驹,只要调教有方,准能成为一匹千里马的。"他在办公室对阿尔伯特说。

“谁来调教呀？”阿尔伯特开玩笑道。

“当然是我。”

于是，生性热情的阿米迪主动担当起伯乐的角色。

他先是出了几道高等数学题让费米做，这些题中学的教科书上都没有学过。阿米迪是想摸摸“小马驹”的底。

“这些题肯定超过你的水平，”阿米迪对费米说，“你先演习一下，做不出来没有关系。”

出乎意料的是，费米拿到题后，没费多大工夫就全部解了出来，而且正确无误。

“阿米迪先生，您能不能出两道难一点的题让我试试？”

阿米迪找来几道大学的物理竞赛题，交给费米。费米又成功地做出来了。而这些题因为难度太大，阿米迪本人还不会做。这位老师不禁大喜过望，心想：“我果然是好眼力！”

阿米迪把自己珍藏的数学和物理学方面的书籍，诸如《解析几何》、《微积分》、《微分方程》、《经典物理学》、《理论力学》等，按照类别顺序，一本一本借给费米阅读，其中有的是大学研究生的参考书。费米从这些书中获得了扎实的专业基础知识，他把自己从鲜花广场零星购买的图书当做补充，知识的掌握更全面了。到高中快毕业时，费米具有的经典物理学和高等数学方面的知识，已经达到大学研究生的水平。这时他还未满 17 岁。

1918 年夏天，费米拿到了中学毕业文凭。

海阔凭鱼跃，天高任鸟飞，未来在向他招手。但究竟报考哪一所大学，费米一时还没有拿定主意。父亲和母亲主张费米考罗马大学，一是因为这是一所名牌大学，另一个原因是希望儿子留在身边。但阿米迪竭力主张费米报考比萨皇家师范学院，这所学府虽然名气不大，却是专门招收理科和文科的杰出学生的。

阿尔伯特夫妇对阿米迪的建议犹豫不决，费米却动了心。比萨是伽利略从事科学活动的圣地，也是意大利著名的文化古城，那里有一种无形的力量在吸引着他。

“机会难得，恩里科应该申请一个皇家师范学院的名额。”阿米迪热忱地说服阿尔伯特夫妇，“他肯定会得到的！”

“恩里科，你自己的想法呢？”阿尔伯特征询儿子的意见。

费米抿了抿薄嘴唇兴奋地说：“我想去比萨！”

“好吧，那就考皇家师范学院！”父亲终于作了让步。

不过，报考比萨皇家师范学院并不是件轻而易举的事。这所学院待遇好，免收昂贵的学费，食宿也由国家免费提供，因此报考的人很多，而且个个都是高才生。申请名额没有费多大劲费米就办好了，他在中学的学习成绩是具有说服力的。接下来的关键是严格的入学考试，大部分考生都将在这一关被淘汰。

16岁的费米

比萨皇家师范学院很看重考生的真才实学，因此入学考试的方法也与其他学校不一样。每个考生必须根据命题写一篇学术论文，主考官再根据论文的优劣决定取舍。

费米被指定的论文题目是《论弦的振动》。

大展身手的机会终于来了。费米把自己几年来在阿米迪指导下学习积累的丰富知识，出色地发挥在论文中。这篇论文后来被保存下来，许多年后在学院的档案里被发现。论文的第一页，是一组振动簧片的偏微分方程，接下来有 20 余页是该方程通过特殊函数的求解以及特征频率的确定，等等。不难想象，几位主考教授看到这篇论文时，该有多么惊奇。

“这是一个高中毕业生写的文章吗？”

“大学三年级才教微分方程呀！”

“我看这考生不是天才，就是骗子！”

几天后，进行论文答辩。考官们看见费米还是一个刚满17 岁的孩子，愈发惊讶了。他们轮流提出问题，有的是专业性很强的，有的还涉及物理学的其他领域。面对监考教授的质疑和提问，费米从容不迫，对答如流。他所掌握的知识无论在广度上还是深度上，都远远超出了中学的水平。

考官们叹服了。负责主考的毕教授兴奋地握住费米的手。

“恩里科·费米同学，你的确是出类拔萃的！”

“我们还从来没有遇到过像你这样优秀的学生。”其他教授也喜形于色。

“比萨皇家师范学院欢迎你！”

KEXUE JUREN DE GUSHI

大学生活

比萨大学城

bisadaxuecheng

比萨距首都罗马约300千米，坐落在意大利西部阿尔诺河口，人口只有10万，是一座保存了许多古迹的旅游名城。

阿尔诺河的上游通向著名的古城佛罗伦萨，河口下游10千米处便是烟波浩渺的利古里亚海。在罗马统治时期比萨曾作过海军基地，城内有要塞、剧场、浴室等遗址。后来，比萨成为意大利中部托斯卡纳省的文化中心和省府，城中遍布高等学府，是一座引人注目的"大学城"。

比萨城里保存了很多中世纪的古建筑，其中最著名的就是教堂广场上的比萨斜塔。它与罗马的古斗兽场齐名，被誉为世界八大建筑奇迹之一。斜塔本是大教堂的一座钟楼，高56.7米，全部用大理石砌成，连同塔顶共八层，从第二层开始每层都有大理石柱回廊环绕，造型十分别致。每年从世界各地来这里参观的游客络绎不绝。

比萨斜塔

比萨斜塔吸引了全世界的游客来观光，主要有两个原因。一是它的塔身是倾斜的，至今已有700余年历史。该塔1173年开始建筑，由于设计师的疏忽，刚建到第三层，塔基突然发生了倾斜，工程被迫停顿了94年。后来复工修建，前后换了三个设计师，虽然随时都在调整重心，但塔身的倾斜已不可避免。1372 年整座塔建成时，塔顶中心点向南偏离垂直中心线已达 2.1 米。倾斜的角度以后逐年积累，大约每年增加 1 毫米。不过斜塔至今斜而不倒，巍然耸立在绿茵上。这独特的造型和风采，反而使比萨斜塔的名声远播。

比萨斜塔备受人们青睐的第二个原因，是它与意大利伟大的科学家伽利略的名字联系在一起。

相传 1590 年伽利略曾在这座塔顶做过举世闻名的自由落体实验。伽利略让两个重量分别为 1 磅和 100 磅的铁球，同时从塔顶自由落下，结果两球同时落地。这个实验一举推翻了亚里士多德统治物理学一千多年的"物重先落地"的定理。比萨斜塔因此名声大噪。比萨恰好又是伽利略的诞生地，这人杰地灵的背景，更增添了这座古城和斜塔的传奇色彩。

费米读中学时就熟知自由落体实验的故事，他非常崇拜伽利略。这位科学巨匠探求真理的一生，不畏教会迫害的精神，都在少年费米的心中扎下了根。他梦想着能够继承伽利略的事业。比萨对他有一种特殊的吸引力。

如今，梦想就要实现了。

1918 年 11 月初，17 岁的费米离开罗马来到比萨，开始了多姿多彩的大学生活。

比萨皇家师范学院始建于 1810 年，同著名的巴黎皇家师范学院是姊妹学院。这两所学院都是拿破仑出资创建的，目的是培养和发现优秀的青年人才。一百年来，学院一直保留着这个传统，造就了许多新人。

比萨皇家师范学院的教室在一座 16 世纪的宫殿里。这座宫殿是意大利一位不太知名的艺术家的作品，外观设计典雅，装饰富丽堂皇，宽大的厅堂显示出高等学府的气派。与此形成鲜明对比的是，学生宿舍却空空洞洞的，简陋得像牢房。大约校方是有意要让这些学子们体验一下四年寒窗之苦，因为皇家师范学院培养的是人才，不是贵族。

费米进校不久，冬天就来临了，雪花满天飘舞。比萨的冬天比罗马冷，师范学院的宿舍没有供暖设备，不过每个学生都发了一个小手提暖炉。这是一个带把的瓦钵，里面装着燃烧的木炭和炭灰。把它放在膝头，可以烤暖两手和前胸。费米再也不用像从前在家那样，坐在双手上，冻得只能用舌尖去翻书页。

师范学院的夏天也很热闹。比萨蚊子很多，而且专爱叮人。几乎每到晚上，费米和同伴们都要发动一场歼蚊大战。小伙子们如临大敌而又笑逐颜开地用吊袜带射，用巴掌打，比赛看谁的战果辉煌。费米自称曾多次获得全校的“歼蚊冠军”。

比萨大学城承袭了文艺复兴时代学校的那种自由自在的传统，学校的教育很开明。皇家师范学院尤其注重培养学生的独立思考能力和探求科学的精神。教授们从不以权威自居，课堂上允许交头接耳，鼓励学生大胆提问。这种宽松的教学气氛，使思想活跃的费米如鱼得水。在比萨皇家师范学院的四年大学生活，成了他一生中最快乐、最活跃的时光。

“反邻居协会”会员

fanlinjuxiehuihuiyuan

费米选的专业是物理学，大学一年级他学得非常轻松。

教材里的许多内容费米都有所了解，用不着花多少工夫就能完全掌握，因此他有很多空闲时间。除了自修一些新的知识外，费米像所有精力过盛而又稚气未脱的大一学生一样，在校园里演出了一幕又一幕的恶作剧。

费米加入这些闹剧，除了他本人性格潜在有幽默因子外，还受一个新朋友佛朗哥·拉赛迪的积极鼓动和怂恿。

拉赛迪也在物理系读大一，是一个搞笑专家。这个伙伴的兴趣是生物学，上师范学院却选学了物理。据说他在小不点时就有研究昆虫的灵感，只要给他

一张纸和一把剪刀，他可以一口气剪出蝴蝶、螳螂、小甲虫来，而且剪得惟妙惟肖。成年以后，他能说出15000种化石的名称。这个纪录虽然从来没有证实过，同伴们都相信没有人能够超过他。拉赛迪选学物理学的目的，是想证明自己有进军陌生知识领域的能力。事实上，这种能力经常受到考验，为了摆脱学习的沉闷，拉赛迪想出了很多鬼点子消遣。费米则充当同盟的角色。

拉赛迪别出心裁地搞了一个“反邻居协会”，拉了一帮子学生参加。费米是当然的会员，拉赛迪自任会长。

“反邻居协会”唯一的宗旨是让人吃苦头，协会的活动全是恶作剧。诸如把一盆水放在半开的门上，让第一个进来的人淋成落汤鸡；在同学的枕头下偷偷塞进两只屎壳郎等等。凡是“反邻居协会”会员，每人必须随身在口袋里揣一把小挂锁。他们通常是两人配对行动，目标都是预先选定的，诸如拒绝入会的顽固分子、成绩优秀的老实蛋，或者是某个好久不见的好朋友。两位枪手笑脸迎上去，一个装着和对象愉快地讨论天气或学术问题，另一个乘机掏出涂成黄色或红色的挂锁，以迅雷不及掩耳之势，啪的一声把对象的衣扣给锁起来，这个倒霉蛋再三说好话也不管用。

费米他们的玩笑越开越大，后来乐极生悲，闯了一次大祸。

有一天上物理课，执教的是一位老学究。老先生走上讲台时，感觉学生们的表情似乎有点异样，一个个眼里闪着诡秘的笑意，但他并没有在意。不料课上到一半时，讲台底下突然发出一声爆炸，惊天的巨响把老先生差一点吓晕过去。随着爆炸声和学生们的嬉笑，一股浓烟从讲台下面溢出，向四面扩散开来。顿时，教室里弥漫着一种令人窒息的奇臭。原来是“反邻居协会”的会员们引爆了一颗自制的臭气弹。这回事情闹大了。学监闻讯赶来，厉声询问谁是主谋。费米和拉赛迪站起来，承认臭气弹是他俩制造的。他俩差一点被学校开除，幸亏有实验室主任普齐安迪教授的力保才免予处分。

“炸弹事件”给“反邻居协会”画了个分号。费米仍然是会员，拉赛迪还任会长，不过他们的胡闹就此收敛。两人把精力和兴趣转向层次更高也更健康的娱乐上。

他们俩经常在星期天结伴去野外旅行、爬山、游泳，在大自然的怀抱里尽情呼吸。拉赛迪个子高高的，奔跑起来活像头长颈鹿。费米个头瘦小，但他从小就喜欢户外活动，体格很结实，每当登上一座山峰，他都要开心地大喊大叫。拉赛迪则忙着一路采集昆虫标本。他们的同窗友谊保持到终生，拉赛迪后来成了费米事业上的好帮手。

实际上，费米的大学生活充满了进取和探索精神。即兴胡闹不过是几支小小的插曲，像所有刚摆脱家长束缚、跨入大学自由天地的小年轻一样，那只是精力过盛的一种宣泄、一种青春活力的表现。

在学业上，费米勤奋刻苦，毫不含糊，他的表现不同凡响。在写给罗马的朋友佩尔西科的信里，费米充满自信地说，他是系里公认的量子理论权威。

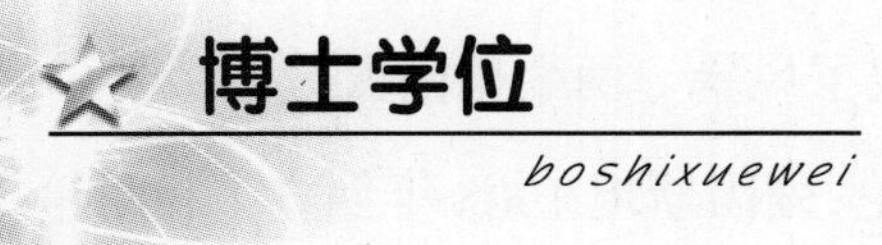

博士学位

boshixuewei

比萨城的科学传统和人文环境，给年轻的大学生们营造了一种良好的求学气氛。费米他们几乎每天都要从比萨斜塔下经过，仰望着这座直插蓝天的巍峨白塔，可以感受到比萨最伟大的儿子伽利略的英灵犹存。

大教堂的天穹上，几百年前启发青年伽利略发现单摆定律的那个大吊灯，依然悬挂在那里。每次走进教堂，费米都会情不自禁地凝视着轻轻摆动的大吊灯，遐思飞扬。

“啊！伽利略，物理学的一盏明灯，我们意大利民族的骄傲！”

“我一定要继承你的业绩，登上现代物理学的高峰！”

伽利略的英灵激励着莘莘学子。费米和拉赛迪学习了许多物理学的新知

识。在大二时，普齐安迪教授已允许他们在实验室放手自己做实验。那是费米和拉赛迪最得意的时刻，除了生产臭气弹，他们什么都可以做。升入大三时，费米对现代物理学的一些最新发现，已经有了透彻的了解。

在20世纪初，物理学正面临着重大变革。一些原有的经典理论日渐过时，遇到新科学的挑战。

英国著名的科学家开尔文勋爵在世纪之交的祝词中，曾提醒说平静的物理学天空中悬挂着两朵乌云，表明物理学面临着危机和革命。这两朵乌云果然很快就变成了风暴。两个德国人应验了开尔文勋爵的预言：普朗克1900年提出了量子论，爱因斯坦1905年创立了相对论。这些新理论震动了经典物理学的殿堂，给科学界带来许多新的思想、新的观念。

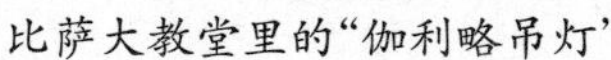

比萨大教堂里的“伽利略吊灯”

思想活跃、善于汲取新知识的费米，如饥似渴地学习这些新知识。由于他思路敏捷，有深厚的数学、物理基础，很快就掌握了量子论和相对论的精髓。他的专业水准，实际上已达到当时站在科学前沿的青年物理学家的水平。因为许多学者对新理论都抱着观望态度，更多的人是不理解。在相对论发表十多年后，一位法国科学家就不无幽默地说，全世界懂得相对论的人，连爱因斯坦在内只有十二个。费米应该算在这“十二个”之列。

普齐安迪教授是一位令人尊敬的学者，他学识渊博，为人厚道，属于老一代的物理学家，受经典物理学的影响根深蒂固，对量子论和相对论这样的新理论，一时还很难理解。

有一天教授把费米找来，亲切地说："恩里科，我听拉赛迪同学说，你对相对论很有研究，是吗？"

"是的。"费米羞涩地笑着承认。

"那你对这个理论作何评价呢？"普齐安迪教授探询地注视着自己的学生。

"可以说是划时代的发现！"费米思索了一下兴奋地说，"它提出了一个全新的时空观，改变了人类对世界的看法。自从亚里士多德以来，任何一种物理学理论，都不曾像它那样给传统的观念造成这么大的冲击！"

"那你能给我讲讲相对论吗？"教授说。

大学时代的费米

"给老师开课吗？"费米犹豫了一下，俏皮地反问。

"是呀！"普齐安迪教授哈哈一笑道，"能者为师嘛，这有什么不可以的？"

"行吧。"费米爽快地答应了。

于是，在接下来的一周里，费米给普齐安迪教授开了一堂相对论课。老先生听得津津有味，末了，摘下金属框眼镜说："有意思！爱因斯坦相对论并不像有人说的那样难懂嘛。"

在普齐安迪教授的提议下，费米还给班上的同学讲了一次量子论。

他站在那个曾经引爆过臭气弹的庄严讲台上，像一位年轻的学者，滔滔不绝地讲解普朗克如何轻巧地摘下开尔文勋爵预言的第一朵乌云，用量子论假设圆满地解释了黑体辐射之谜；爱因斯坦又如何在发表相对论的同一年里，发展了普朗克的量子论，提出了著名的光量子假说。在座的同学们一个个听得目瞪口呆，惊讶不已。讲座之后，大家都公认他为全系的量子理论权威。

1922 年 7 月，21 岁的费米获得物理学博士学位。他的毕业论文题目是《伦琴射线的实验研究》。

毕业论文答辩的场面很有意思。

学院的大讲厅里,坐满了班上的同学和其他听众。十一个身着黑袍、头戴方巾的主考人在一条长桌后正襟危坐。答辩人费米也穿着黑袍站在长桌前,面对着主考人。在场的同学们一个个兴高采烈,希望看见答辩的精彩结局。费米面带自信,从容不迫地开始发言。当他继续不停往下讲的时候,有几位主考人强行抑制着自己的哈欠,还有两位扬起了眉毛,其余的则显得心不在焉。显然,费米的论文水平已经超出了老师的理解。

答辩完毕,费米在一片赞扬声中获得了学位。但是他的论文却没有收入学院出版的毕业论文集,原因是主考教授认为他的选题太深。同学们对主考人的决定大失所望。费米却一笑了之,他确信自己还有更好的论文会在未来发表。

罗马、哥廷根、莱顿

luoma getinggen laidun

大学毕业后,费米回到思念已久的故乡罗马。全家人沉浸在团聚的喜悦中。

像爱因斯坦当年大学毕业一样,费米首先面临着寻找工作。父亲问他有什么打算,费米兴冲冲地说希望在大学里搞物理研究。

"那去罗马大学最合适。"姐姐玛利亚说。

"我也是这样想的。"费米点点头。

"罗马大学?"父亲沉吟了一下,面色有些凝重。

"能留在罗马当然最好啦!"母亲也希望儿子留在身边。

"好是好,"父亲说,"可是罗马正处在严峻的时刻。"

“怎么回事？”费米听出父亲话中的不安。

“你还不知道呀？墨索里尼要上台了！”姐姐说。

1922年夏秋之交，意大利法西斯势力的阴云正在罗马上空聚集。墨索里尼的黑衫党党徒们包围了罗马城，准备夺取政权。费米回罗马后没几天，就感觉到城里动荡不安的异样气氛。

黑衫党要进军罗马的谣言，几乎每天都在传播。中学开始停课，城里人心惶惶。费米原以为回到罗马，很快会找到理想的任教学校，现在希望破灭了。人们谈论的都是黑衫党、议会、国王，谁也不会留心他这样一个刚从比萨师范学院毕业的高才生。

不过，费米不是轻易就气馁的人。听朋友讲罗马大学物理系主任柯比诺教授很有声望，费米于是带着学位证书去找他，希望得到柯比诺的帮助。

墨索里尼在做法西斯演说

柯比诺教授不仅是一位著名学者，还是一位卓越的社会活动家。他是意大利参议院的议员，曾出任教育部部长。费米初次拜访这位有地位、有影响的人物，心里难免有些踌躇不安，但当他见到柯比诺第一面时，紧张的心情就消失了。

柯比诺教授是一位和蔼可亲的人，个头不算高，但前额很宽大。他坐在靠椅上，面带微笑，认真倾听着费米的话。

在言谈中，费米感觉到柯比诺物理学的造诣很深，对现代物理学的最新发展了如指掌，他不禁从心底感到敬佩。

柯比诺对面前这位来访的年轻人感觉也很好，费米掌握知识的程度给他留下了深刻的印象。不过这次会面，柯比诺教授谈得更多的是时局和政治。

“墨索里尼的黑衫党纵队已经开进罗马。”柯比诺脸上露出忧虑，停顿了一下说，“内阁宣布了围城状态的法令，如果国王签署的话，立即会爆发内战。”

“您认为国王会签署围城法令吗？”费米小心地问。

“不会，那样会造成大屠杀，许多青年人会流血。”柯比诺肯定地说。

“这么说不是还有一线希望么……”费米说。

“什么希望？这并不是意大利获救的希望。”教授语气沉重地说，“如果国王不签署围城法令，意大利肯定会变成墨索里尼的法西斯独裁！”

费米沉默了，心情也变得沉重起来。柯比诺的话使他预感到意大利正处在法西斯独裁的边缘。

“所以说，你毕业的很不是时候。”柯比诺微笑了一下说。

“先生是说在意大利目前动乱的局势下，很难开展物理学的研究？”费米问道。

“是的。”柯比诺默默地凝视着费米，他的目光里透出一种不易觉察的友善和厚爱。要振兴意大利的物理学，他是多么需要像费米这样有才华的年轻人啊！

“教授先生，那我现在能做什么呢？”费米向议员求计。

“最好的办法是出国。”柯比诺沉思了一下说，“先到国外去进修，罗马总会有用武之地的。”

费米的蓝眼睛里闪出了亮光。

“可是……”他迟疑道。

“如果你愿意，奖学金的事我也许能帮点忙。”教授温和地说。

费米感动得说不出话来，他庆幸自己遇到了柯比诺这样的伯乐。这次谈话决定了他和柯比诺教授的终生情谊，也决定了他未来一生的事业。

那年冬天，费米获得意大利教育部的奖学金，到德国哥廷根大学进修一年。

哥廷根是德国中部一座很有名的小城。俗话说:山不在高,有仙则灵。这里是量子力学的诞生地,欧洲许多著名的科学家都在这里执教过。费米的指导老师是哥廷根大学的玻恩教授。

玻恩是一位杰出的物理学家,当时正致力于物质微观世界的研究。在他的周围聚集了一批出类拔萃的年轻人,诸如泡利、狄拉克、海森堡等,都是知名的青年物理学家。应该说,费米得到了一次难得的学习机会。

但是费米初次来到异国他乡,显得有些不适应。

在比萨皇家师范学院,他是最优秀的高才生。然而在哥廷根,置身于一群同样优秀的青年物理学家中间,他感觉到激烈的竞争和无形的压力。那帮年轻人思想活跃,博学多才,个个都是人物。费米从前的那种羞涩毛病又出现了,他不爱和周围的人交往,常常喜欢独处。实际上,他是把自己封闭了起来。玻恩教授对费米并没有另眼看待,费米却感到自己不属于他们那个群体。

在玻恩教授麾下待了七个月后，费米转到荷兰莱顿大学艾伦菲斯特教授门下。艾伦菲斯特教授很赏识这位来自意大利的青年学者,并介绍费米结识了许多知名的物理学家。在这里他学到了许多新东西，视野和心境豁然开朗。1924 年春天,费米的奖学金到期了,于是他告别艾伦菲斯特教授,回到日夜怀念的罗马。

KEXUE JUREN DE GUSHI

罗马学派

寻找未来的坐标

xunzhaoweilaidezuobiao

罗马的春天带着几许寒意。

特雷维喷泉依然喷涌着如雾般的水花。古斗兽场那座伤痕斑驳的圆形断墙,似乎显得更萧瑟了。

费米离开一年多,发觉罗马变化很大,正像柯比诺当时预见的,国王最终没有签署围城法令,墨索里尼夺取了政权。动荡之后的意大利,一切都不尽如人意。费米非常希望在罗马大学搞物理研究,但这只是一个梦。他暂时只能以讲师的身份在罗马大学代课,为化学系和普通班的学生上课。对费米来说,这不用花多少工夫就能做好。

在大学里讲师通常没有多少自主权,一切由教授说了算。可是要当教授往往得先做讲师,蝴蝶都是蛹变成的。费米的讲师做得很轻松,也很称职。他的才华和学识吸引了很多青年学生,大家都很钦佩他,愿意和他交朋友。在这些同龄人中,费米总是充当带头人的角色,他的身上表露出一种内在的力量和自信感。

一年的时间很快过去了。有一天,大学时的好朋友拉赛迪来看他。这位搞笑专家运气比费米好,毕业后被佛罗伦萨大学聘用,职务固定,报酬也相当不错。

“老兄当了一年的‘蛹’,也该变成‘蝴蝶’啦!你这样的天才难道甘心永远当讲师?”拉赛迪打趣着说。

“罗马大学的教授席位早占满了,那能人人都当蝴蝶!”费米无奈地耸耸肩。

“我倒有个主意，” 拉赛迪灵机一动建议道，“你可以先到另一所大学做教授，以后再转回罗马大学。”

“曲线运动?这个主意好!”费米的蓝灰色眼睛闪过一道亮光，“哪所大学合适呢？”

“眼下就有一个机会，听说撒丁岛的卡利阿里大学要设一个物理学讲座，正在物色人。”拉赛迪透露说。

“撒丁岛？在地中海上哟！”

“离罗马是远了点，”拉赛迪鼓动说，“不过机会很难得。”

“好，向卡利阿里大学进军！”费米被说动了。

费米满怀信心地报名申请了这个席位。虽然他是所有申请人中最年轻的，但他志在必得。因为他知道自己在意大利学术界已小有名气，而且有 30 余篇论文的实力做后盾。这些论文有一部分是实验报告，大部分是理论方面的，其中相对论研究占有很大比重。

不幸的是，当时意大利的物理学家分为两派：赞成相对论派和反相对论派，而且后者的势力相当强大。五位主考人中有三人是反对相对论的，他们对费米的论文肯定会大打折扣。

费米对未来充满憧憬

投票结果费米以 2:3 败北，另一个申请这个席位的工程师名列第一，获得卡利阿里大学的职位。费米名列第二，失去了这次当教授的机会。

不过塞翁失马，焉知非福。按照教育法规定，费米有资格选择一所其他的大学候缺。在“长颈鹿”拉赛迪的盛邀之下，他到了佛罗伦萨大学。这两位比萨皇家师范学院的高才生又相聚在一起了。

佛罗伦萨位于阿尔诺河的上游，是意大利文艺复兴时期伟大诗人但丁的故乡。这座艺术名城风景秀丽,有很多精美的雕塑。佛罗伦萨大学的物理实验室设在阿塞特里山上,伽利略晚年曾受宗教裁判所迫害,被软禁在这座山上,一直到逝世。

费米来佛罗伦萨后就住在阿塞特里。他负责力学和数学两门课的教学,这是一种临时性的代课任务,费米完成得很轻松。在这块科学的圣地,他有很多空余时间进行新课题的研究,并同好朋友拉赛迪开始了事业上的合作。

费米统计法

feimitongjifa

阿塞特里的实验条件相当不错。费米和拉赛迪在一段时间内热衷于磁场对光线作用的实验,两人在绚丽的真空放电管、分光镜和光谱仪间流连忘返。

青年教授费米

著名的英国大物理学家法拉第晚年时，曾研究过磁场对光源的影响。他设想用强大的磁场可能改变光源的波长,可惜因条件限制实验没有成功。这是法拉第生前最后一个实验。这个闪光思想,30 多年后由荷兰物理学家塞曼用实验证明。塞曼成功地发现,在强磁场作用下光源发射的谱线确实分裂成几条。这一发现后来被称为塞曼效应。

费米和拉赛迪在前辈的实验基础上,进行了纵深方面的研究。费米再一次显露出他的实验技能和分析综合能力。不久,他们两人合作完成了一篇研究论文。这一成果受到其他物理学家的高度重视。

阿塞特里山的空气很清新,大自然向两位青年物理学家敞开了怀抱。费米和拉赛迪走出实验室,快乐得像两个顽皮的大孩子。“反邻居协会”的幽灵又在两人身上死灰复燃了。拉赛迪不改生物学家的天性,常常拽着费米一道去野外捕捉小蜥蜴、癞蛤蟆一类小动物。每次他们都要把猎物撒在饭厅里,吓唬那些来食堂帮工的乡下女孩。这样的恶作剧他们重复过好几次,到后来饭厅里常有小癞蛤蟆跳来跳去的,逗得大伙儿群起而追之。

没过多久,从德国传来一个令人激动的消息:奥地利籍青年物理学家泡利在研究原子物理时发现,在环绕原子核的同一个轨道上,不允许有多于一个以上的电子。这就是著名的泡利不相容原理。

泡利是著名科学家玻恩的门生, 才华出众。费米在哥廷根时曾经见过泡利,当时他就觉得此人不同凡响。玻恩的门下高手云集。费米也做过玻恩的研究生,七个月的接触,他相信自己不比他们任何一位差。

泡利的发现打动了费米。几年来一直萦绕在他脑海里的一个问题,这时又浮现出来。

早在大学期间,费米就对统计学很感兴趣。这是一门从宏观角度研究微观世界运动规律的学问,有许多未知的领域,诸如分子、原子、电子这些微小的粒子 ,如果单个看它们的轨迹,是杂乱无章的,但要是从整体上看则是服从于某一特定的规律,是有秩序的。这好像有些不可思议,实际上在日常生活里也可找到这样的例子。就像身处在繁华大街上的人群,满目所见的人头攒动、车来车往都是乱哄哄的;如果坐在直升机上向下俯视,街上的人流和车水马龙就会显得井然有序了。从千变万化的微观世界里寻找这些规律,就是统计学的目的。

费米曾对一种理想气体的运动形态做过研究，但苦于找不出它的规律。他为此困惑了很长时间，怀疑是不是哪个环节上有疏漏。

泡利的发现又一次证明了微观世界的有序性。费米受到很大启发，他的脑海里总有一个念头在盘旋：能否把泡利的原理推广到理想气体的研究上。

科学上的问题常常是有内在联系的，找到这些联系往往就可以找到真理。传说牛顿发现万有引力定律，是坐在草地上看见苹果从树上落下时得到启发的。这也是一种联系，而且是一种酝酿已久的顿悟。有趣的是，费米的发现也是在草地上获得灵感的。

有一天，拉赛迪又拉着他去捕捉小昆虫，他们摊开四肢趴在草地上，每人手里拿着一根系着套索的细玻璃棍，耐心地等待着猎物爬出来。在两人的视线下面呈现出一块小小的天地：嫩绿的草叶，淡紫色的野花，一条蚯蚓在土里蠢蠢欲动，衔着稻草的蚂蚁来回奔忙着。

在生物学家拉赛迪的眼里，看到的是一个小小的动植物王国。

在物理学家费米的眼里，他看到的却是另外一幕景象：那一只只匆匆奔走的蚂蚁，就像一群有生命的微粒在运动。每一只单个蚂蚁的路线是无序的，而整个蚂蚁群的行动却显得井然有序。连蚂蚁也服从统计规律啊！

费米专注地观看着这群生气勃勃的小生物，突然他的目光定住了。他发现，没有任何两只蚂蚁的路线是完全一样的，也没有任何两只蚂蚁的行走速度完全相同。费米的脑子里闪过泡利的不相容原理，他突然茅塞顿开！他终于明白了长久以来被自己忽略的因素：在理想气体中，不会有两个原子能够以恰好相同的速度在运动。换句话说，在理想单原子气体里原子可能有的每一种量子状态中，只可能有一个原子！

费米欣喜若狂地从草地上一跃而起大喊："我找到了！我找到了！"弄得"长颈鹿"瞪大了眼睛，以为他抓住了什么宝贝。

经过一系列严密的分析和计算，费米完成了有关理想气体统计规律的研究成果。几个月后，他发表了论文《论理想单原子气体的量子化》，这就是著名的“费米统计法”。这个理论揭示了微观世界最重要的规律之一，后来被费米和其他物理学家用来解释了许多物理现象。

论文的发表轰动了整个理论物理学界。费米当时年仅24岁。值得一提的是，玻恩的另一个研究生狄拉克也独立地发现了这个规律，不过时间比费米稍后一些。

25岁的教授

25suidejiaoshou

费米统计理论的发表，使他在学术界的声誉大大提高。

理论界公认他是一位才华出众的青年物理学家。有的报纸评价说，费米是意大利物理学的希望。佛罗伦萨大学也在考虑要给他一个永久性的教席，这意味着他将结束候缺的代课生涯，正式登上佛罗伦萨大学的讲台。

正在这时，费米接到柯比诺教授的一封邀请信。

新政府成立后，柯比诺出任了教育部部长，但他仍然在罗马大学主持物理系工作。柯比诺既富于正义感，又处事练达，他是内阁里为数极少没有加入法西斯党的成员。这位生于西西里岛、个子矮小而精力充沛的物理学家，怀着一颗雄心要振兴意大利的物理学。他一直留意着意大利学术界的新人和新成就。

费米的统计学论文刚问世不久，柯比诺就提出要在罗马大学开设一门理论物理学新课程，他的建议很快被学院接受。柯比诺充分利用他在政府里的影响力，顺利地拿到必要的批文。

一切就绪之后，柯比诺写信给佛罗伦萨的费米，热情地邀请他到罗马来。

从右至左为柯比诺教授、索末菲和密立根

费米接到柯比诺的邀请信，不禁喜出望外。

有人说罗马大学的这个理论物理学讲座，是柯比诺特地为费米准备的，足见柯比诺识人的眼力和爱才之心。不过，因为开设的是新学科，费米同样需要参加罗马大学的竞选会，这样也可以体现公平竞争的原则。

竞选会在1926年夏天举行，费米兴冲冲地提前回到罗马。离开佛罗伦萨时，好朋友拉赛迪拍着他的肩膀说："祝老弟马到成功！"

"那是的。"这一次费米又是志在必得。

不过到了临近竞选会时，费米才听说申请这次讲席的人很多。罗马大学的名气、优厚的待遇以及新学科的高水平，吸引了全意大利的优秀中青年学者前来参加竞争，其中也包括费米中学时的好朋友佩尔西科。事实上，两个"恩里科"几乎是同样出类拔萃。费米面临的是一场真刀真枪的战斗。

费米充分重视这次竞选会，因为这是他盼望了多年的机会。

他以一种平静、从容不迫的心境等待着这一刻的到来。这正是他自信心的表现，临考前几天他还应朋友之邀，到度假胜地瓦尔加德纳去玩了一次。

这是一次非常愉快的旅行。旅游的主要项目是远足登山，同行的是数学家卡斯特尔诺夫的子女和一帮子亲戚朋友，都是些小字辈。费米义不容辞地充当了领队的角色。

“如果你们想少找些麻烦，就紧跟我的脚步走。”

大家追随着他，愉快地向山上攀登，走累了就坐在岩石上小憩一下。但休息不到三分钟，费米又发出“开路”的口令。

谁也不敢违抗他们的带头人，一个个呼哧、呼哧地向山顶爬，但费米却健步如初。有个年龄稍大点的小伙子忍不住了，就问道：“难道你从来就不喘气？”

费米谦虚地微笑说：“也许我的心是特制的，比任何人的心都要耐久些！”

在这群旅伴中，有一位 19 岁的罗马大学女学生，名叫劳拉，她是数学家的女儿吉娜的朋友，父亲是意大利的海军将军。两年前费米在罗马大学代课时，已经认识她。费米那次也是当头头，因为母亲刚去世不久，他穿着一身黑衣服，头上戴顶黑毡帽。当时他们一帮朋友在罗马郊外踢足球，劳拉临时上场被他指派当守门员。结果那天费米一脚把鞋底踢穿了，让劳拉忍俊不禁。当时的费米并没有给劳拉留下特别出色的印象。

时过两年，两人再次相逢，发现双方都发生了变化。费米穿着休闲的灯笼运动裤和短夹克，显得潇洒自如。他的皮肤黧黑，体格健壮，一双蓝灰色的眼睛流露出安详的自信。在费米的眼里，劳拉已从一个黄毛丫头变成亭亭玉立的少女。他俩一路上谈得很投机。

“你的体魄很结实，有点像运动员。”劳拉擦着头上的汗，称赞他。

“我从一岁起就洗冷水浴，从小锻炼的。”费米很自豪。

“我一岁时娇气得像个豌豆公主嘞！”劳拉笑起来。

“你看见山顶那棵树上有什么吗？”费米突然指着远处问她。

“看不见呀！”劳拉把手搭在秀额上，向费米指的方向张望，“除了树叶还是树叶。”

“树梢上有只小鸟！”费米说。

在场的人谁也没有看见那只小鸟。

“我的眼睛一定是特制的，所以比其他人都看得远些。”费米解释说，仿佛其他人的眼睛都是批量生产出来似的。

“那你的脑子呢？”吉娜不服气地反问他，“也是特制的吗？”

费米挠挠脑袋，有点不好意思地说：“恐怕也是吧。”

费米和劳拉

劳拉又忍不住地笑了。真有意思，费米的一切都是“特制的”。他胸膛里的那颗火热的心呢？有谁知道！她觉得这个青年物理学家天真得有点可爱。

9 月初，罗马大学的竞选会如期举行。费米不负众望，以最高分获得第一名，成为罗马大学最年轻的正教授。他的老搭档恩里科·佩尔西科名列第二。佩尔西科选择了佛罗伦萨大学，顶替费米去那里代课。获得第三的入选者，是一位意大利北极探险队的队员，后来不幸在北冰洋上遇难。

这年 10 月，25 岁的费米登上罗马大学的讲台，讲授理论物理学。柯比诺教授的宏图终于开始实现了！

一个学派的诞生

yigexuepaidedansheng

作为意大利学术界有影响的人物，柯比诺早就觉察到意大利的物理学已经处在停滞状态。和他同辈的物理学家，都沉醉在伽利略昔日的光辉里，毫无建树。事实上，从100年前意大利科学家伏打发明了世界上第一个电池——伏打电堆以来，物理学史上的重大发现，就很难再找到意大利人的名字。

20世纪的前20年间，唯一值得骄傲的是意大利青年马可尼发明了无线电，他因此获得1909年的诺贝尔物理学奖，不过这一成就是在应用领域，而且是与德国人布劳恩共享的。人们谈到物理学时，总会讲剑桥、柏林、哥廷根或者哥本哈根，而很少有人提到意大利。

“难道物理学的伽利略时代已经一去不复返了？”

“不！比萨斜塔可以作证。几百年的风云变幻它依然屹立在原地，屹立在世人的心目中。伽利略的伟大传统应该由我们来发扬光大。”柯比诺的心里总是这样想。

这位具有远见卓识的物理学家怀着一颗雄心壮志，决定重振意大利物理学的雄风。他梦想能在罗马形成一个有重大成就的物理学派，并且得到国际学术界的公认。柯比诺深知科学的竞争首先是人才的竞争，要赶上物理学的世界潮流，走在前列，要有一批人才才行，而且应该是一批年轻有为、充满朝气和活力的青年物理学家。

费米来罗马大学执教，是柯比诺完成的战略性的一步。

费米也深感到意大利的物理学需要革新。在比萨读大学时，他就立下了继承伽利略遗志的宏愿。后来的哥廷根之行，更使他看到世界物理学的一流

水平。他的理想和柯比诺的心愿不谋而合。费米非常感谢柯比诺的知遇之恩，罗马大学的讲台将为他提供施展抱负的难得机会。

俗话说:独木不成林。单独一个人撑不起一个学派，柯比诺继续留心物色更多的人才。教授问费米有没有可作为合作伙伴的合适人选，费米推荐了"长颈鹿"拉赛迪。

"佛朗哥·拉赛迪，名字有点耳熟。"柯比诺摸摸发亮的额头问道，"这个人水平怎么样？"

"理论和实验水平都堪称一流，是一把好手。"费米热忱地介绍说，"就是有个小缺点，时不时爱开点小玩笑！"

"爱开玩笑不碍事，乐观能使人长寿嘛。"教授哈哈一笑问道，"这个人现在在什么地方？"

"在佛罗伦萨大学任教。"

"他愿不愿意来罗马大学做助理教授？"教授问。

柯比诺思才心切。如果拉赛迪愿意做助理教授，柯比诺就可以不经过竞选会的复杂程序直接聘用他。

"我可以问问他。"费米说。

拉赛迪是个不计较名分的人，听到柯比诺的邀请后，毫不犹豫地答应了。

"我愿意！""长颈鹿"似谑非谑地说，"咱们可以联手在罗马大学搞点惊人之举。"

这次他指的不是小蜥蜴、癞蛤蟆和臭气弹之类，而是货真价实的现代物理学。费米为朋友的决定而高兴。

就这样，拉赛迪来到罗马大学，成为柯比诺麾下的第二员干将。柯比诺教授的班子搭起来了。

理论物理学讲座有了两位好老师，现在缺的就是高素质的学生了，这在当时是个小小的难题。素质好的高才生大部分被工学院吸引过去了，因为工学院

罗马大学物理研究所的外观

毕业生就业容易，报酬优厚。在许多学生眼里，理论物理学枯燥乏味，是苦行僧专业。

难题难不倒意志坚强的主帅柯比诺，他开始在课堂上物色合适的学生。

柯比诺当时担任工科学生的电学课，他是最受学生欢迎的教授。宽大的阶梯教室里，坐满面孔还带着稚气的学生。柯比诺身材矮胖滚圆，当他快步登上讲台时，常常和高大的台桌形成滑稽的反差。但是当他开始用响亮的嗓音讲课时，台下顿时变得鸦雀无声，几十双眼睛都集中在他那张表情生动的西西里人面孔上。枯燥的电学被他讲得深入浅出，妙趣横生。

“同学们，罗马大学的物理学班子刚经过扩充，需要补充新鲜血液。”柯比诺目光炯炯地扫视着台下继续说，“我向大家郑重宣布，要物色两至三名愿意从工科转到物理系来的优秀学生，作为重点目标培养。现代物理学是一个非常有前景的领域，欢迎大家报名！”

学生们饶有兴趣地交头接耳。

柯比诺提高了嗓门：“当然，我只要最顶用的、值得在他们身上花费时间和

精力的学生。”很明确，他只要高才生，而且必须出于自愿。他表示学生毕业后的安排会是非常好的。

台下又是一片兴奋的吆喝声。

柯比诺的号召很快有了效果，有三名优秀的年轻人陆续投到他的门下。其中有一个就是这个班的学生，名叫爱德华·阿玛尔迪，当时只有 18 岁，父亲是罗马大学的数学教授。同费米相识的劳拉也在这个班，但她对理论物理学兴趣不大。

“你能行吗？柯比诺教授的标准很高的。”劳拉取笑阿玛尔迪自我评价过高。

“我肯定是柯比诺要的那种人。”阿玛尔迪很有信心。

果然，他被柯比诺教授相中了。

第二个入选者是埃米里奥·塞格雷，工科四年级学生，聪慧好学。他原本对理论物理学比较陌生，因为几次偶然的机会与费米和拉赛迪相处，被两位青年物理学家点化了，变成现代物理学的追星族。经过一番深思熟虑，他决定弃工从理，费米也欢迎他加入新团体。这年 11 月开学时，他就成了物理系四年级学生。

这两个学生都是富有朝气和才华的高才生，费米对他们的素质和虔诚十分满意。其实费米的年龄比他们也大不了几岁，加上同样年轻和顽皮的拉赛迪，柯比诺把他们四人称为“我的孩子们”。塞格雷的同班好友艾托里·马扎拉纳后来也步其后尘，转到物理系来。柯比诺梦寐以求的罗马学派终于呱呱坠地了！

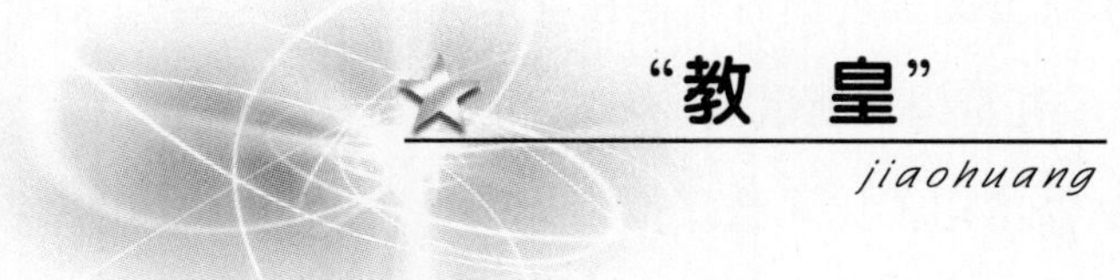

“教 皇”

jiaohuang

1927 年 9 月，在意大利科莫举行了一次国际原子物理学家会议。科莫是

意大利北部的一座小城，位于风景秀丽的科莫湖畔，南距米兰只有39千米。从这里到瑞士很方便，是著名的旅游中心。来自各国的物理学家在这里相聚一堂，讨论现代物理学的发展，算得上是一次科学盛会。

年轻的费米有幸以意大利物理学家代表的身份出席了会议，随同他一起到会的还有拉赛迪和塞格雷。塞格雷资格不够，是以列席身份参加的。到科莫后他们才发现，这是一次国际物理学界伟大明星的聚会，著名物理学家洛伦兹、普朗克、玻尔、康普顿等都来了。

这次会议的主题是量子力学。

普朗克是量子论的创始人，受到与会者的普遍尊敬。费米同他交谈，感到一种长者的慈爱和睿智，得到很多宝贵的启示。

玻尔在会上的发言也很有启发性，这位后起之秀把普朗克的理论发展了一步，用于解释原子的内部结构，取得引人注目的成果。

这一切让刚刚入道的塞格雷觉得很新鲜。

"那个面孔和善、口齿有点不清的人是谁？"他好奇地问。

"他就是玻尔。"费米说。

"玻尔是谁呀？"

"简直荒唐！"拉赛迪嚷道，"难道你没有听说过玻尔原子模型？"

"什么是玻尔原子模型呢？"塞格雷从不会不懂装懂。

于是费米耐心地向这个未来的助手解释了一番。

费米在会上也作了有关量子理论的发言，他已不是四年前那个哥廷根默默无闻的研究生，费米统计的发现提高了他在学术界的声誉。与会学者都确信他是意大利物理学界最有希望的新星。

从科莫回到罗马，费米向柯比诺教授报告了参加会议的情况。他觉得此行的最大收获，是感受到现代物理学的潮流正向微观物质世界的纵深进军，而量子理论则是进军的锐利武器。

“原子物理的确是一片待开垦的处女地。”柯比诺鼓励他说，“不过在抽刀上阵之前，必须练好剑术。”

“先生指的是要掌握好量子理论？”费米领会了教授的意思。

“对，量子论揭示了微观物质世界的基本规律，而且被各国物理学家不断完善。”柯比诺摸摸发亮的额头加重语气说，“谁掌握了它，谁就夺取了微观王国的制高点！”

柯比诺的指示为罗马学派的起步指明了方向。费米和团结在他周围的一班年轻弟子，一头扎进量子力学的海洋里畅游起来。

这是一个才智超群而又和谐开心的集体，他们在为未来的事业锻造手中的利剑。

以费米为首的这几个“怪才”，正处在没有成熟的年龄，他们既是优秀的年轻物理学家，又像一群顽皮的大儿童。闲暇时，大伙儿一起打网球、登山，或者跳到地中海里游泳，尽情享受体育运动的乐趣。即便在严肃的工作中，他们也会情不自禁地让笑声不断，这种风格一直延续到几年后他们进行的辉煌实验中。

他们经常进行的是量子力学的讨论。有时是费米就一个专题作主讲，大家提出问题探讨；有时则分成正方和反方，展开激烈的辩论。

“物质和能量既是量子化的又是波动的，这怎么能自圆其说呀？”马扎拉纳喜欢打破砂锅问到底。

“蠢材，这叫科学的辩证法，物质运动形态的二重性。”拉赛迪说话一向不客气。

“那请问，上帝为什么没有造一种既是驴又是马的动物出来呢？”塞格雷反问道。

“上帝也有打瞌睡的时候嘛！不信你问费米教授。”阿玛尔迪不知什么时候也学会了调侃。

“红衣主教”(拉赛迪)、“教皇”(费米)、“蛇怪”(塞格雷)

“物质的微粒性和波动性的确是统一的。”费米平静地解释说,“1926 年薛定谔根据德布罗意的物质波假设,以波动方程的形式建立了新的量子理论,他还证明了两种量子理论完全是等价的,只不过形式不同罢了。”他的解释令人信服。

“薛定谔万岁!”

“费米教授万岁!”

在量子理论上,费米总是正确的,于是他得到了“教皇”的尊称,因为教皇在信仰上永远是正确的。拉赛迪自称对量子理论还没有参透,但只要费米不在场,他就是讲解量子论的权威,他于是成了当然的“红衣主教”。马扎拉纳是个数学天才,思路敏锐,善于穷追不舍,寻找问题,大家称他为“宗教裁判所的大法官”。塞格雷没有名分,由于他性情急躁,只得到一个“蛇怪”的绰号。

刚来罗马大学的人听到“教皇”的称呼都很惊讶,不过没有多久,费米的这个美名就传到世界各国的年轻物理学家中去了。

KEXUE JUREN DE GUSHI

成家立业

“带轮的黄蛋壳”

daiiundehuangdanke

费米从科莫回罗马不久，曾经带着神秘的微笑对朋友们说：“我想干点出乎寻常的事了。”

“什么事这么神秘兮兮的呀？说给我们听听！”伙伴们围上来追问他。

“八成是研制什么新型臭气弹吧。”拉赛迪打趣道。

“不是。”费米笑着摇头。

“背着降落伞从物理楼上往下跳？”塞格雷问。

“只有你才这么傻。”

“别卖关子啦！究竟是什么出乎寻常的事嘛？”

费米清了清嗓子,郑重其事地宣布说:“我决定干点奢侈的事,要么买一辆小汽车,要么讨一个老婆。”

费米一贯是说话算话,这一次又兑现了。没过多久,他真的开回来一辆法国产的微型波日奥小汽车。“长颈鹿”拉赛迪凑热闹,也买了一辆同样型号的小汽车。费米的波日奥是鲜亮的蛋黄色,很漂亮。拉赛迪选的是一辆灰褐色,像个硬壳虫。

他们买的这种双座敞篷微型波日奥车,属于经济型车,价钱比较便宜,耗油量同摩托车差不多,时速最快为 30 千米。在当时的意大利,这也算得上是物美价廉的靓车了。

两辆波日奥在罗马大学一亮相,顿时成了物理系的头号新闻。试车那天,“柯比诺的孩子们”争先恐后地全部挤上两辆车,他们活像一群快乐的“飞车党”,驾着方向盘在罗马城满城转悠,车尾排出两股长长的浓烟。

买车的计划实现了，娶一个如意的妻子就要难多了。

在一次年轻人的周末聚会上，费米曾经谈过他心目中“理想妻子”的标准：第一，她必须是个身体健美、具有运动员体格的女孩；第二，如果可能的话，她最好长着一头金发，并且不信宗教；第三，她应该出自身强力壮的农村血统，而且祖父母和外祖父母都健在。

费米描述心目中的妻子形象时，语气充满自信，看不出他丝毫有开玩笑的意思。显而易见，他完全是从优生学的角度来考虑问题的，而且符合他喜爱体育运动的爱好。

这个“费米标准”在周末聚会上引起了小小的轰动。在一阵快乐的起哄声中，男士们纷纷给费米测算，罗马大学那个女孩是理想人选。女士们则面带矜持的微笑，缄口不语。

劳拉也参加了那天的聚会，和她一块儿去的还有比她大一岁的姐姐安娜。安娜是一位画家，属于物理学圈子外的人，费米的“教皇”声誉对她丝毫不起作用。“那一群对数们”，她这样称呼费米那帮年轻物理学家。“对数”是数学书里的一种枯燥的符号。但是劳拉听到费米的心曲后，感觉却非常微妙。

自从第一次与费米相识，并目睹他踢穿鞋底的窘态开始，劳拉就觉得费米的身上有一种独特的东西，究竟是什么东西她也说不上。乐观，自信，好为人师，有时又天真得像个大顽童。如今费米公开宣布要择偶了，条件又这么“苛刻”，真有趣！

劳拉从没有把自己同费米联系起来过。但在这一刻，她在潜意识里权衡了一下自己。她身材不高，又不是金发，体格也不是特别健壮。她唯一喜欢的运动就是偶尔去滑滑雪。她的祖辈都是城里的白领阶层，因此不具有农村血统。此外，她的外祖母已经去世。一句话，费米“理想妻子”的标准她一条都不具备。

劳拉望着人群中面带笑容的费米，心想：“这家伙当司机恐怕比当丈夫更合适。”

费米的微型波日奥车

也许月下老人听到了劳拉的心声，没过几天，费米开着车笑眯眯地邀请劳拉去兜风。劳拉瞅着这辆漂亮的微型波日奥脱口赞道："哇，好靓的一辆带轮的黄蛋壳车！"从这天起，费米的微型波日奥就叫"带轮的黄蛋壳"了。

起初，费米只是带着劳拉和大伙儿同游，劳拉被安排在"黄蛋壳"敞开的后座上，其余的年轻骑士们挤在前座和拉赛迪的"硬壳虫"里。他们驶向罗马郊野，一路上汽车风驰电掣，两旁掠过银绿色橄榄树，惬意极了。偶尔也有扫兴的时候，"黄蛋壳"或"硬壳虫"突然抛了锚，大伙儿站在路旁傻等着，只见费米和拉赛迪两个脑袋钻在发动机罩下，一边敲打着零件，一边争论着故障出在哪里。

后来费米单独邀请劳拉外出兜风，他每次来时总是笑眯眯的，彬彬有礼。安娜一看见费米，就在劳拉耳边小声说："你的'对数'又来了。"

劳拉笑着嗔怪道："别瞎说，姐！"

正是宝马雕车满路香。两人开着"黄蛋壳"，在一起度过了许多愉快的时光，也经历了许多惊险。他们逛遍了罗马的街道和风景，又驱车前往郊外游览。微型波日奥车没有装变速装置，转弯时有点像玩具车那样不能减速，所以每次遇到转弯时，车子都要轰隆地跳一下，再突然调过头来。到他们的郊游告一段落时，两颗年轻的心已经悄悄地相印了。费米的三条娶妻标准，也成了明日的黄花。

第二年春天，费米在朋友中宣布了他同劳拉订婚的消息。大家都为这个姻

缘拍手叫好。有人故意取笑他的“理想妻子”标准时，费米洒脱地一笑说：“现在我才明白，理想的永远也比不上实际的好！”

想想这的确是段完美的姻缘。费米想做的两件“出乎寻常”的事，一年之间都实现了：他既买了小车，又娶了妻子。劳拉的收获也是双重的：她既得到了司机，又得到了丈夫。

迟到的新郎

chidaodexinlang

盛夏时节，费米和劳拉举行了婚礼。婚礼的日子选在1928年7月19日，这是罗马最炎热的一天，树荫下的温度高达摄氏34度。

上午10时左右，新娘的亲戚和朋友开始在女方家里聚集，等候一起前往市政厅广场。劳拉的母亲出生于犹太家族，费米一家像大多数意大利人一样信奉天主教。由于宗教信仰不同，他们决定采用不举行宗教仪式的“民事婚礼”。婚礼举行的地点在罗马市政厅。

一切准备就绪，劳拉穿上带着许多褶边的婚礼服，母亲不停地叮嘱她一些新娘的注意事项。劳拉的父亲身材高大，一身洁白的海军将军制服，显得潇洒而威仪。

“新郎快到了吧？”他抬起手腕看看表。

“应该马上就到了。”劳拉向远处张望了一下说，“汽车已经去了好一会儿了。”费米家住在罗马东北郊花园的铁路宿舍，汽车要开半个多小时。费米的父亲已于年前去世，代表家属来参加婚礼的是他姐姐。

“注意提醒你丈夫别再穿灰褐色西服，那对他不合适。”母亲告诫她说。劳拉头一次听人把费米称作“你丈夫”，脸蓦地红了。

正在这时，接男方亲属的车回来了。费米的姐姐戴着宽边帽款款下车，车里却不见新郎的影子。

“恩里科让我先来,他随后就到。”玛利亚解释说。

“他还在磨蹭什么呀?”新娘子问她。

“没办法。”玛利亚摇头笑道,“他这个人干事从来不着急!”

不一会儿,所有的来宾都到齐了,新郎还不见来。

劳拉开始不安起来,不会是半路上出什么意外了吧?她不停地朝路口看。父亲走过来,揽着她的肩头安慰道:“放心吧,亲爱的,新郎飞不了的!”

最后一刻,费米赶到了。他穿着一套深色西服,领口露出簇新的衬衣领,面带着羞涩的笑容。

“我刚才在家里换衣服。”他向劳拉解释,并且用手比画了一下说,“没料到,新衬衣的袖子比手指头长了三寸,我的天!只好用缝纫机加了加工。”

费米的缝纫功夫劳拉早有所闻,他曾向她炫耀过,那次远足郊游穿的灯笼裤就是他自己的杰作。

但是今天是什么日子呀!一贯从容不迫的费米,居然先解决了袖子问题,然后才解决结婚问题。

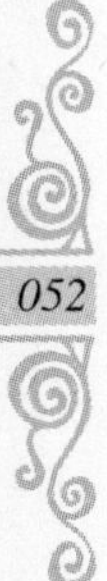

婚礼的男女主角总算到齐了。大家挤进几辆小汽车,赶到位于市中区的市政厅广场。市政厅里官员和嘉宾早已在礼堂里等候。一位肩披蓝绶带的市政官员,为费米和劳拉这对新人举行了婚礼。

按照当时的习惯,婚礼这天新郎要带一束鲜花送给新娘。费米临到场才发觉,鲜花他也忘带了!只好由劳拉的一位表兄快步跑到花店去买花。

婚礼的场面庄重而热烈。参加婚礼的除了劳拉的父母亲、姐姐安娜和妹妹、费米姐姐外,还有劳拉家的很多亲戚。新郎方面的贵宾有参议员柯比诺教授。由于天气太热,女宾们每人都戴着一顶遮阳的宽檐帽。男宾们一个个则是衣冠楚楚,谈笑风生。

尤其是柯比诺先生,情绪格外好。他是带着一种师长和父辈的感情参加婚礼的。婚礼结束时，他笑眯眯地走到劳拉面前，俯身吻了她的手说："祝贺你，费米太太！"

从这一刻开始，劳拉意识到自己的一生已同费米紧紧地连在一起。

接下来，是愉快而又浪漫的蜜月旅行。

新婚夫妇乘坐当时刚开航不久的水上飞机，从位于第勒尼安海岸的罗马机场起飞，沿着海岸线飞往意大利北部著名的避暑胜地热那亚。飞机可载八名乘客，几乎是贴着海面飞行。费米和劳拉透过舷窗，可以清晰地看见海滩上绚丽的遮阳伞和游泳的人群。飞机掠过头顶时，不少穿着泳装的男女向空中挥手致意，仿佛也在向这对幸福的新婚夫妇祝贺。

从热那亚他们改乘火车和大巴，到达阿尔卑斯山南麓，然后沿着山间小路长途步行。他们陶醉在美丽的崇山峻岭间，夜晚住在别有情趣的山村旅店里。

一路上，费米充分显示了他做老师的天才，而眼前最合适的学生就是劳拉。面对着陡峭的雪峰，他教劳拉唱抒情歌曲，尽管他自己常唱走调。在山间小旅店的木板屋里，他教新婚妻子推导麦克斯韦方程式。那些抽象冗长的证明，劳拉以最大的涵养才勉强听完。

"最后的结论是光的速度和电磁波相同，所以光就是电磁波。"他总结说。

"我不信！"劳拉摇头。

这时，费米才发现夫人是最不好教的学生。

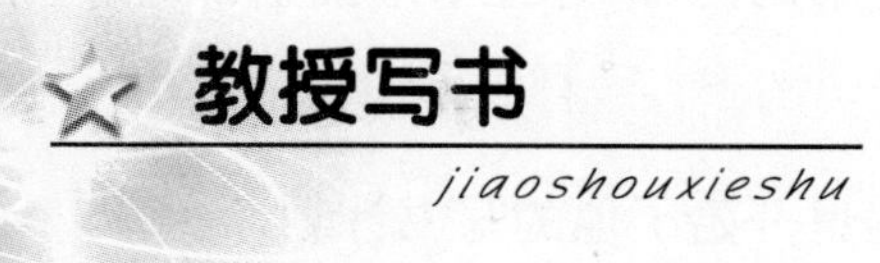

教授写书

jiaoshouxieshu

婚后，费米夫妇在罗马城里的一幢公寓楼租了一套房子。他们选择的是顶层，房间的装潢很雅致，阳光充足，通风也很好。

但是如何购置配套的家具，夫妇俩却遇到了难题。

买家具的钱倒是有的，费米按当时的习俗在婚前已准备了一笔钱。问题在于家具的样式怎么选，而且价钱又不能太贵。

“你到家具店自己去挑吧。”费米对劳拉说，“我不在乎家具是什么样式，反正腿是直的就行！”

费米喜欢简洁单纯，他觉得直腿家具线条明快，又很朴素。不光是家具，对于衣着、食品的挑选，甚至在写文章上，他都喜欢简单明了，不喜欢繁琐。所以婚后不久，劳拉的褶边裙、花边领、蝴蝶结等都从衣橱里消失了。就连餐桌上也很少能见到名目繁多的调味品。

劳拉只好请母亲帮忙买家具。她母亲是位很会理家的能干女人，对东西的鉴赏力很强，结果买回来的家具都很耐用，样式也不俗。不过，所有家具的腿都是弯的，当时很时兴这种带弧形的装饰。既然是岳母大人选定的，费米也没表示什么遗憾。好在他自己有间小书房，书房里的椅子腿是绝对笔直的。

结婚以后，费米意识到家庭的责任。当时意大利的教授薪金并不高，费米的月薪为 2000 里拉，约合 90 美元，除了新家的日常生活开销，基本上没有什么节余。费米单身汉时的存款，买那辆漂亮的“黄蛋壳车”花去大半，剩下的刚够添置家具。为了增加收入，让劳拉持家宽余些，费米决定为中学生写一本物理教科书。罗马大学许多教授都靠写书的稿酬作为额外收入。

劳拉很想为丈夫分担一些工作，主动提出给费米做文秘。

“那好，我先口述书的内容，你记下来抽空誊写好，再帮我画点插图。”费米欣然接受她的建议。

于是费米在书房里开始了他的写书计划。

书稿的内容很适合中学生，不过由于反复斟酌，精心修改，写作的进度很慢。这部两卷本的物理学，整整写了一年。他们外出旅游，或者去佛罗伦萨劳拉伯父家消夏时，都将书稿带上继续写作。事实上，对费米来说写这部书已不单纯是为了增加收入,他希望为中学生提供一部符合教学大纲的物理教材,因此写得很认真。

第二年秋天,这本书初版的一千册印好了。出版商给费米寄来一千页该书的扉页,按照意大利的出版惯例,每本书的扉页都必须有作者的签名。也有作者为了省事,用盖章代替签名的。

费米和劳拉这时正在劳拉伯父的别墅里度假,他们把一大堆扉页放在中厅的长桌上,就像农夫收获果实一样,喜滋滋地在扉页上完成出书前的最后一道工序。费米事先就准备了一个手写体橡皮图章,得意地从印泥盒里拿起图章,稳稳地盖在每一张扉页上。劳拉每翻过一页盖了签名的扉页,就快活地大声报一个页数。对她说来,每一页就意味着3.2里拉的稿酬收入,即每本书百分之二十的版税。更使费米夫人高兴的是,这本物理教科书后来不断再版,给他们带来了多年的经济效益。

最年轻的院士

zuinianqingdeyuanshi

目睹着费米成家立业,老师和朋友们都为他感到高兴。尤其是慧眼独具的柯比诺教授,眼看着自己最得意的弟子一步一个脚印地登上现代物理学的殿堂,他决定再扶他一把。

1928年初夏,就有一次很好的机会。

那是6月初,意大利皇家科学院要举行例会,柯比诺决定在会上提议任命费米为林赛科学院院士。林赛科学院成立于1603年,是意大利著名的科学和文艺研究院,伽利略当年就是林赛科学院的院士。秉承300多年

林赛科学院院徽

的传统,林赛科学院院士人选都是优秀的科学家或艺术家。根据费米在物理学方面的成就和影响,柯比诺确信提名得到通过的可能性很大。

不巧的是,当时柯比诺应邀去美国作短期学术访问,不能参加皇家科学院例会,于是他写了一封书面推荐信,托罗马大学物理系的教授北先生在会上代为宣读。

“这事包在我身上,没有问题。”北先生一口答应下来。

北先生和柯比诺一样也是西西里人,是物理系的资深教授,主持高等物理学课多年。他本姓并不姓“北”,“北先生”是费米一帮年轻物理学家给他取的外号。单凭这一点,就预示了这件事不会很顺利。

北先生是一位温文尔雅但保守古板的人,他的习性和作风同柯比诺完全相反。柯比诺一贯放手使用新人,给他们创造各种条件;而在北先生手下做事的助手,却很难有发展的机会。即使是博士生,也只能干些开关电路一类的打杂事。“博士,请打开电路。”“博士,请关掉电路。”每天如此。至于实验的研究内容北先生从不透露半句。助手要是问起他,他会很客气地说:“你以后在林赛科学院的报告里可以看到的。”

两年前,柯比诺提出开设理论物理学讲座时,北先生认为这侵犯了他统领的地盘,因此竭力反对。

“难道高等物理学不包括理论物理吗?”北先生愤懑地说,“有什么必要新开一门理论物理学课!”

他认为新设这门课,而且另外指定一名教授任教,等于承认他没有能力教好自己的专业。对他来说,这是非常没有面子的事。

可是柯比诺的建议获得大多数人的支持,理论物理学讲座设立了,并请来年轻的费米做教授。北先生曾公开宣称这是对他个人的人身侮辱,他同柯比诺因此结下个人私怨。柯比诺胸襟宽阔,并没有介意。紧接着,一群生龙活虎的年轻物理学家进驻了物理楼,占领了有利的空间。北先生只好引退到他自己的地盘，即物理楼北面的几间房子里。柯比诺的“孩子们”一向爱开玩笑，因此给他取了个“北先生”的外号。

随后发生的事情就不奇怪了。

7月初，柯比诺访美归来，费米并没有当上林赛科学院院士。柯比诺找北先生询问原因。

北先生拍拍自己的额头抱歉地说：“哎呀，我的记性真坏！你的信我竟然忘记了，还在我衣服口袋里呢。”

柯比诺只能表示遗憾。皇家科学院会议是唯一可以提名新院士的会。柯比诺的“孩子们”都认为北先生是在报私仇。

一年不到，柯比诺教授就赢得了反攻的机会。

1929年春天，从内阁传出消息说要建立一个新的“意大利皇家科学院”，这将是意大利规格最高的国家级科学院，第一批院士30名将于3月任命。如果首批院士里有一名物理学家，论声望和成就柯比诺应是当然人选。但是根据科学院的章程，参议员不得被任命入科学院。这就留下一个空档，北先生确信自己是最有希望的人选。若按论资排辈他最有优势，而且他又是忠实的法西斯党员。

实际上，幕后进行的活动局外人并不知晓，柯比诺参议员一定利用各种途径发挥了影响。这一次，他是有备无患，并且占领了制高点。

2月下旬，首批30名院士的名单尚未公布，柯比诺身边的“孩子们”已经是一片欢腾了。

这天下午，长着一张娃娃脸

费米和柯比诺教授在罗马(1931年)

的阿玛尔迪突然冲进走廊朝物理楼的北端奔去，一边跑一边喊着："第一批院士任命了！有一位物理学家……"

所有房间的门都打开了。阿玛尔迪一口气跑到最北端的办公室，北先生两颊通红的面孔从门口探出来，激动地瞪着他。

"……是费米！"阿玛尔迪大喝一声，转身就往回跑。北先生呆呆地立在原处，半晌说不出话来。

27 岁的费米成为意大利皇家科学院院士，是柯比诺取得的一个战略性的胜利。这不仅仅是费米个人的荣誉，也是年轻的罗马学派站稳了脚跟的标志。

意大利皇家科学院院士(最右端为费米)

这个喜讯自然也给费米夫妇带来莫大的喜悦，这意味着费米的成就得到了肯定，也为他以后的科学研究打开了一条坦途。

1929 年 10 月 28 日，皇家科学院在罗马的法尼西纳宫举行隆重的成立典礼。墨索里尼亲自出席了会议，以显示他是意大利科学文化的守护神。

皇家科学院院士的礼服上饰有许多镂花银片，裤子两侧镶着银条，每位院士还有一顶插着翎毛的毡帽、一把短剑和一件裹住全身的黑斗篷，穿戴起来活像莫里哀戏剧里的人物。费米很不喜欢这套滑稽而又繁琐的服装。举行典礼那天早晨,费米出门时把翎毛和镂花银饰藏在黑斗篷的下面,钻进他那“带轮的黄蛋壳”里开走了。他唯恐有人把他误认做马戏团里的杂耍演员。

院士的名分还给费米带来两件意外礼物：一是相当于教授月薪一倍半的额外补贴,这对费米夫妇来说是笔很可观的经济收入:二是墨索里尼授予每位院士“阁下”的头衔,相当于英国的贵族称号。费米得到这个头衔却觉得是个包袱。

有一次他和劳拉去郊游，登记旅馆时经理看了他的证件后好奇地问:“您是费米阁下的什么亲属？”

费米回答说:“只是远亲。”

“阁下本人常来这个旅馆。”经理说得一本正经。

还有一次,费米开着那个“带轮的黄蛋壳”去元首府参加一个重要会议,门卫见他太年轻拦住了他。

费米微笑着对门卫说:“对不起,我是费米阁下的司机。”

门卫信以为真,放他进去了。

初访美国

chufangmeiguo

西谚说:好事不成单。费米进入意大利皇家科学院不久,又被选为林赛科学院院士。在他这样的年龄获得如此殊荣是很罕见的，柯比诺终于如愿以偿了。

虽然有的年老教授对此有抱怨,但不可否认的是,费米已成为振兴意大利物理学的中坚人物。

罗马学派开始受到国际学术界的瞩目，一些国外优秀的年轻学者被吸引到这里来学习或访问。他们当中有的后来成了芝加哥、伦敦、都灵等著名大学的物理学教授。

费米也很重视同国际学术界的交流。自从把科研重心转向原子物理后，费米深感罗马大学相关的实验设备不足。为了弥补这个缺憾，学习世界上研究原子物理的先进水平，在柯比诺的支持下，他安排研究组成员分头到国外著名的实验室进修了一段时间。

拉赛迪去了享有盛誉的密立根实验室，学习有关原子物理的最新实验技术。塞格雷到的地方是阿姆斯特丹的塞曼实验室，给著名物理学家塞曼做实习生。阿玛尔迪去了德邦实验室，目的是掌握X射线方面的实验知识。后来的事实表明，费米的这步棋具有重要的战略意义。欧洲学术界有人意识到，罗马学派正在熊熊火焰中锻造着利剑，要不了几年，他们定有惊人之举。

费米的声誉越出了国界。好客的美国密执安大学邀请他偕夫人去讲学。1930年6月，费米夫妇从罗马起程访美。劳拉是第一次离开意大利出国，一切都觉得很新鲜。

他们到达美国的第一站是纽约。这座国际大都会给费米夫妇的视觉形成强烈的冲击。

他们看见的一切都和罗马不一样，这里没有遍布全城叮咚作响的喷泉，也没有栩栩如生的大理石雕像。突然置身在一个失去艺术气氛的现代大都市里，他们强烈地感到现代生活的节奏、效率和压力。纽约就像一台飞速旋转的庞大机器，令人觉得新奇、紧张和目不暇接。那些高入云霄的摩天大楼、巨大的钢架桥梁，的确体现了现代物质文明。纽约又像一个人种的旋涡、一个小小的国际大家庭。劳拉凝视着各种肤色的人在街上熙攘同行，有白皮肤、黄皮肤、黑皮肤，还有的在赤膊上文着各种花纹，觉得很新奇。在纽约的大街上，居然还可以看到遍地的废纸和满墙壁的涂鸦，也使她感到惊讶。

美国人民的热情好客，给费米夫妇留下了深刻印象。他们所到之处，受到真诚的欢迎。在纽约逗留期间，他们被朋友邀到酒吧，一定要喝个杯底朝天才肯

费米(右一)与荷兰小组,前排中为艾伦菲斯特(1930 年)

罢休,尽管费米从来滴酒不沾的。

费米在密执安大学作了两个月客座教授，度过了一个非常有意思和愉快的夏天。荷兰的艾伦菲斯特教授也应邀参加了这次“夏季物理讨论会”。这位大物理学家长着一头卷发,矮胖敦笃,待人和蔼可亲。费米当年在莱顿大学给他作过研究生,受益匪浅。这次师生在美国重逢,费米已成为国际知名的年轻物理学家,艾伦菲斯特教授特别高兴。

第一次到美国,唯一使费米夫妇感到不习惯的是语言的隔阂。

费米的拉丁文很棒,但英语只是业余水平。据说他的英语都是通过翻字典读杰克·伦敦原著小说学来的。这和玻尔读狄更斯的小说练习英语有点像。初到密执安大学讲课时,他的发音经常出错,幸好有两位热心朋友自愿去听他演讲。每次演讲结束,他们都开一张发音和用词错误的清单给他。这样,费米就可以避免重犯错误。到了夏季末,他的英语口语已相当流利。不过,在公开场合也有发音走火的时候,往往引起哄堂大笑。那是朋友们故意没有给他纠正的,不然就没有笑话了。

劳拉的英语是受过正规教育的,不过在意大利时没有操练的机会。来到美国后她才发现，意大利学校里学的英语，同美国街头的英语是两码事。

她对一个鞋匠说，需要给皮鞋换底，再掌一个后跟，结果第二天去取鞋时，鞋匠把鞋帮给她换了，弄得劳拉哭笑不得。

还有一次厨房里的盥洗槽堵塞了，她到外面找“管道工”来修理。可是过路人半天也没有听懂，她说的“管道工”究竟是什么角色。

在密执安大学相处的日子里，朋友们常常向这对来自意大利的年轻夫妇提出各种问题，其中最常问的有三个问题：“你们结婚多长时间了？”“你们对墨索里尼印象如何？”“你们喜不喜欢美国？”

第一个问题最好回答：“两年了。”

第二个问题带着浓厚的政治色彩，提得相当微妙，它表明正在意大利崛起的法西斯主义已引起人们的普遍关注。

在意大利国内，当时正是墨索里尼完成个人崇拜的黄金时代。自由和民主受到钳制，权力正在向独裁者集中，但一般群众仍沉浸在对“领袖”狂热的崇拜中。费米夫妇是第一次有机会，从外面世界来观察自己国家所发生的事情。费米并不喜欢这个下巴突出的元首，但在这种场合他不便做评论，只和夫人报以淡淡的微笑。当时费米夫妇也许并没有预料到，八年后为了逃避法西斯主义的迫害，他们会被迫逃离意大利。

第三个问题，答案真诚而自然：他们喜欢美国，喜欢这里的自由空气和天真热忱的人民。只是当时的美国，还不是现代物理学的中心。在费米的心中，正在酝酿着一个将会影响他一生的重大科研课题。

KEXUE JUREN DE GUSHI

伟大的发现

β衰变之谜

β shuaibianzhimi

讲学结束后，费米回到罗马，立即投入原子物理的研究中。

1930年间原子物理学的一些发现，正酝酿着重大的突破。各国物理学家都把注意力集中到探索原子核的奥秘上，小小的原子核里隐藏着许多未知的秘密。而在这些秘密的背后，很可能潜伏着人类取之不尽的巨大能量。正在进行研究的新课题，大多同原子核的天然放射过程有关。

当时，有个β衰变之谜正困扰着物理学家们。

β衰变是由原子核自发放射电子形成的。1914年，英国有位名叫查德威克的科学家在研究时发现，放射性物质在进行β衰变时，有一部分能量不知跑到什么地方去了。也就是说，原子核失去的能量，要比电子带走的能量多很多，用能量守恒定律很难解释这个奇特的现象。而能量守恒是自然界最普遍的规律之一，这怎么可能呢？

人们提出了各种猜测，后来都一一被实验否定了。谁也解不开这个谜。原子物理的权威玻尔索性提出，能量守恒定律也许只在宏观物质世界成立，对于微观世界里的β衰变可能不适用。

正当大家束手无策的时候，玻恩的学生泡利于1930年提出一个大胆的设想。

这位年轻有为的奥地利籍物理学家认为，放射性物质在发生β衰变时，除了放出β粒子(电子)外，还放出了一种质量极小的中性粒子，带走了“失踪”的能量。这种粒子质量极小，穿透力很强，因此在实验中不易被探测到。泡利把这种假设的微粒称为“中子”。这样一来，β衰变之谜的难题就可以解决了。

也许费米和泡利有缘，每次泡利的发现对费米都有启发。费米获知泡利提出的假设后，完全支持泡利的观点。不过由于两年后查德威克发现了真正的中子，它比泡利所说的“中子”质量大得多。于是费米把泡利所称的“中子”更名为“中微子”，按意大利语的意思，就是微小的中子。

难道原子核里真的还有一种谁也没有见过的粒子吗？大部分物理学家都持半信半疑的态度。

可是费米凭着敏锐的直觉，确信泡利的假设是一个天才的思想。如果能够进一步证实这个假设，就能找到解决 β 衰变之谜的钥匙！

于是，费米沿着“中微子”这个神秘粒子直追下去。

这一次他又出色地发挥了自己的数学才能，对 β 衰变现象进行了定量分析。几年前他所掌握的量子理论也帮了他的大忙。

费米在路上演算

1934 年初，经过一番严密的分析运算，费米终于成功地用一个数学公式概括了整个 β 衰变过程，他在泡利假设的基础上，建立了完整的 β 衰变理论。

β 衰变之谜终于被解开了。按照费米的理论解释，β 衰变的本质是原子核里的一个中子转变为质子，而中子和质子可以看做是同一核子的两个不同的量子状态，它们之间的相互转变，相当于从一个量子状态跃迁到另一个量子状态，在跃迁过程中，放出电子和中微子。

费米在解开 β 衰变之谜时，还首次提出了“弱相互作用力”的概念。他认为在原子核里的粒子间存在一种作用力，它不同于万有引力，又不同于已知的电磁力和束缚原子核里粒子的强相互作用力。电磁力和强相互作用力只在确定的粒子间才出现，而弱相互作用力在所有的粒子之间都出现。费米的这一发现，开创了现代基本粒子相互作用研究的先河。

费米兴奋地把这项研究写成论文《试论β衰变理论》，寄给了最权威的英国《自然》杂志。1932年查德威克发现中子的札记就是发表在《自然》杂志上的，影响很大。查德威克的老师、著名原子物理学家卢瑟福读到那篇文章后曾激动地说："如果中子存在的假说能被实验所证实，那么对我们揭示原子核的奥秘，必将产生极大的影响。"

费米期待着自己的论文能引起同行的关注。

出人意料的是，几个月后《自然》杂志把《试论β衰变理论》论文退了回来，编辑部的退稿信措词很婉转："很抱歉，阁下，该论文不适合本刊发表。"

权威也有失误的时候，《自然》杂志的编委们拿不稳《试论β衰变理论》中的新观点，所以采取了回避的态度。

费米只好把这篇论文用意大利文发表在《科学研究》和《新杂志》上，不久又用德文发表在一家德国的《物理学杂志》上。论文一直没有用英文发表。事实上，《试论β衰变理论》可能是费米一生中最重要的一篇理论论文。

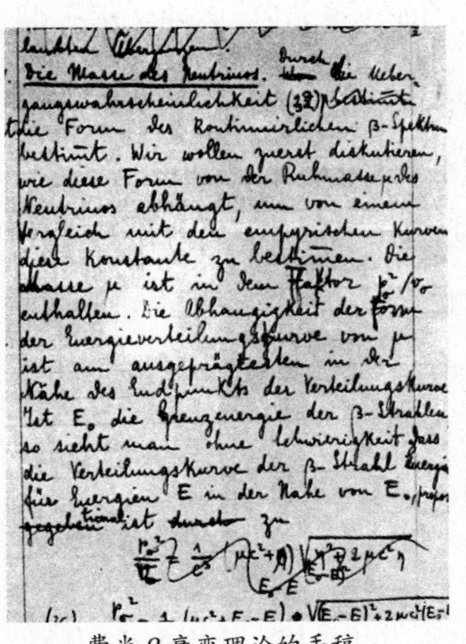
Die Masse des Neutrinos. Durch die Uebergangswahrscheinlichkeit (32) bestimmt
die Form des kontinuierlichen β-Spektrum
bestimmt. Wir wollen zuerst diskutieren,
wie diese Form von der Ruhmasse μ des
Neutrinos abhängt, um von einem
Vergleich mit den empirischen Kurven
diese Konstante zu bestimmen. Die
Masse μ ist in dem Faktor
enthalten. Die Abhängigkeit der Form
der Energieverteilungskurve von μ
ist am ausgeprägtesten in der
Nähe des Endpunkts der Verteilungskurve.
Ist E_0 die Grenzenergie der β-Strahlen
so sieht man ohne Schwierigkeit dass
die Verteilungskurve der β-Strahl Energie
für Energien E in der Nähe von E_0 proportional
ist zu

费米β衰变理论的手稿

一个新的理论刚刚诞生时，难免会遇到各种各样的怀疑。泡利和费米在衰变理论中预言的中微子，在当时既无影又无踪，半是"神秘客"，半似"妄想曲"，很多人认为它压根儿就不存在。

但是真理是能够经得住实践检验的。

为了证实中微子的存在，科学家们进行了长时间的追猎。由于它实在太小，又是中性粒子，不能使其他物质电离，要在威尔逊云室里观测到它的轨迹非常困难。

20年后，两位美国物理学家莱尼斯和柯文，在一次精心设计的实验中终于找到中微子的影踪。

又过了10年，即1965年人们探测到来自宇宙的中微子。

中子炮弹

zhongzipaodan

1934年1月，就在费米完成β衰变理论不久，从法国传来约里奥·居里夫妇发现了人工放射性元素的惊人消息。

约里奥·居里夫妇是著名科学家居里夫人的女儿和女婿，从事原子物理研究多年。两人用α粒子轰击铝元素，发现铝会放射出β射线，并且蜕变成另一种元素磷的同位素。这种同位素磷很不稳定，继续放出电子进行β衰变，最后变成稳定的元素硅。

约里奥·居里夫妇用镁、硼等元素作α粒子轰击的靶子，同样也产生出人工放射性元素！

这一发现公布后，整个物理学界都为之轰动。的确太奇妙了！一向被认为牢不可破的原子核，居然在小小α粒子的轰击下，会放出射线变成一种人工放射性元素。这件奇事激起了全世界物理学家的浓厚兴趣。费米当时刚好完成手中的理论研究工作，得知这一消息后，立即转入了实验研究。

通常情况下，原子核很难被攻破，因为原子核内部有极强的凝聚力，原子核四周又被旋转的电子包围着。约里奥·居里夫妇采用带电的α粒子轰击"核堡垒"，难度自然会很大，因此约里奥·居里夫妇攻破的原子核只是铝、镁、硼等原子量小的轻元素。对一些原子量大的重元素，"α炮弹"就显得无能为力了。

费米想，如果用中子来代替α粒子做炮弹，也许不仅能轰击轻元素，也能成功地轰击重元素。因为中子不带电，它既不会被带正电的原子核排斥，也不

会被原子核周围的电子所吸引。

要进行人工放射性实验,首先需要一台探测放射线的仪器,这就是盖革计数器。这种仪器当时刚发明不久,没有现成产品出售,只能自己动手制作。

在费米的研究小组里,拉赛迪是制作实验设备的专家。他那双善于摆弄精细的昆虫标本的巧手,无论是安装精密仪器,还是连接细如发丝的导线,都游刃有余。不巧的是,这时“长颈鹿”正远在摩洛哥度长假,于是费米就自己动手做。费米从儿时就爱动手自己做小东西,上大学时又同拉赛迪搞过许多高水平的实验,这些训练都帮了他的大忙。没用多久,盖革计数器就做成了。虽然外观有些粗糙,技术指标却符合要求。

接下来需要解决的关键是,还要一个提供“炮弹”的中子源。

在商店里是肯定买不到“中子”的,放射性元素也不能自己制造。费米灵机一动,想到一位人缘很好的卫生部同行特拉巴齐教授。

特拉巴齐教授是卫生部物理实验室主任,实验室就设在罗马大学物理楼里面。卫生部的资金条件相对来说比大学宽裕,再加上特拉巴齐教授作风井井有条,他的实验室里几乎样样齐全。每当年轻的物理学家们需要什么向他求助时,从一颗螺丝钉到一箱漆包线,他都能慷慨提供,大家因此亲昵地把他称作“天恩”,意指天的恩赐。

费米打听到“天恩”在物理楼的地下室存放着一克镭。从镭里可以提出一种叫氡的气体,氡是一种天然放射性元素,能自发地放出 α 粒子。如果把氡与铍元素粉末混合,α 粒子便会轰击铍,使它产生大量中子。

不过,这一克镭是属于卫生部的,而且价值昂贵。费米向“天恩”开口求援,没料到“天恩”很爽快地答应了,这让他不禁喜出望外。

教授把费米带到地下室时,费米意外地发现,那里还放着一台崭新的从镭里提取氡的设备。“天恩”也答应一并借给他用。这真是天赐良机。

万事俱备,费米就开始了人工放射性实验。塞格雷和阿玛尔迪给他做助手。

首先轰击哪一个元素呢？这靶子可要选好。

费米拿来一张元素周期表，反复端详了一阵，决定按照元素周期表的顺序，从最轻的元素氢开始。按他的设想，越轻的元素，中子越容易击中靶心。

结果第一炮没有打响：他用中子轰击水，因为水里有氢元素，可是没有出现任何人工放射性的迹象。

他又改用中子轰击元素周期表上排在第二的锂，结果也令人失望。

费米像牛顿一样坐在树下，可是苹果并没有从树上掉下来。

他继续轰击铍，接下来又轰击硼、碳、氮，但是没有任何一种元素被中子激活。费米有点动摇了：难道他的设想是错的，中子“炮弹”只是银样镴枪头？协助他实验的塞格雷和阿玛尔迪也垂头丧气。

一连几天，费米停止实验，在窗前徘徊，甚至在一刹那，他动过放弃研究的念头。但费米是一个意志顽强和充满自信心的人，他从不轻易认输。他决定再试一种元素。

元素周期表上，排在氮后面的元素是氧。费米已经知道氧不可能被激活，因为他用水做过实验，而水里含有氧。于是，他选择排在氧后面的氟，作为中子辐射的靶子。

这一次他成功了！氟在中子的轰击下被激活了，盖革计数器显示出强烈的放射性。

费米欣喜若狂。他突然意识到，自己发掘的可能是一个巨大的宝库。除了塞格雷、阿玛尔迪这样得心应手的助手，还需要加强力量。于是他给远在摩洛哥的拉赛迪拍了一封加急电报，叫他速返罗马。

一场向人工放射性领域进军的大仗，就这样打响了。

轰击所有的元素

hongjisuoyoudeyuansu

一天上午，有位身穿黑西服、白衬衫的西班牙科学家，慕名前来拜访费米。他走进物理楼大厅时，正好碰见“蛇怪”塞格雷。

“先生，请问费米阁下在吗？”客人彬彬有礼地问。

“教皇正在楼上。”塞格雷打量了他一眼，心不在焉地答道。

那位西班牙科学家一脸的狐疑。塞格雷咧了咧嘴，又补充了一句：“当然，我指的是费米教授。”

客人沿着楼梯登上二楼。这时，两个穿着肮脏灰外衣的人，手里举着个奇怪的东西，发疯似的从他身边跑了过去，其中一个长着粉红色的面孔，另一个鼻梁很直，短腿。

这位来访的科学家被搞糊涂了。他在附近转了一圈，一个人也没有看见。正在纳闷时，那两个穿着肮脏灰外衣的“怪人”，像旋风一样从走廊另一端飞跑回来。还没有等他回过神来，两个“怪人”已与他擦肩而过，然后，走廊里又空空如也。

这位客人从来没有见过费米，也不知道费米的办公室在哪里，只好回到楼下大厅。

这时，有个年轻的实验助理从楼下经过，西班牙人犹豫了一下，上前向他打听。

“我想找费米阁下。”他客气地说明来意，“请问他的办公室在哪里？”

年轻人热情地把西班牙人领上二楼，两位“怪人”此时正在进行第三次赛跑。实验助理朝客人莞尔一笑，然后向着飞跑的一个背影大声喊道：“费米教

授，这位先生要见你！”

“带他来吧！”费米回头喊了一声，又无影无踪了。

客人这才知道，那位短腿“怪人”就是大名鼎鼎的费米！他惊讶得几乎不敢相信自己的眼睛。

当时实验还没有完，会见是在盖革计数器旁进行的。这也是费米的一贯风格，待人接物从来不拘礼仪。这次“战地会谈”的内容没有留下记录，只知道那位西班牙科学家觉得很不过瘾，因为只谈了几分钟，费米又和粉红脸的阿玛尔迪疯跑起来。

实验用的氡气需要每周提取一次，密封在玻璃管里，作为中子源，用来辐射被试元素。受辐射的元素用盖革计数器来检测放射性。中子源的放射性很强，对盖革计数器会造成干扰。所以实验时，辐射元素用的房间和放盖革计数器的房间必须隔得很远，一个在走廊这头，一个在走廊那一端。

被中子“炮弹”轰击的元素所产生的放射性衰减得很快，有时超过一分钟就检测不出来了。所以，为了争分夺秒，费米和阿玛尔迪必须像疯子一样来回奔跑。他们两人是研究小组里跑得最快的，重任自然就落在他俩的腿上了。两位实验家每次疯跑时都在比赛，兴奋得像赛马场上竞技的两头名驹。

费米的战略计划很周全，也很有气魄。他决定把当时已知的 92 种元素一一轰遍。

光是要找齐这 92 种元素就是一桩难事。费米把采购任务交给了“蛇怪”塞格雷，并敦促他限期完成。

塞格雷的父亲是一位搞经营的实业家，在罗马城郊拥有纸厂。“蛇怪”从小就受到搞经营买卖的熏陶，对采购物品和讨价还价很在行。这个任务交给他非常合适。

塞格雷每次外出都要带一个采购袋，衣袋里则揣着费米开的购物清单。清单上所列物品有的是单一元素，多数是更好办些的元素化合物。塞格雷很聪明，他找到了罗马化学材料供应商的大户特罗科利先生。

“我们实验室正进行一项世界水平的实验，急需这些材料。”“蛇怪”有板有眼地说着，一面从口袋里掏出清单。

特罗科利先生接过单子，戴上眼镜瞄了一眼。

塞格雷打量着他脸上的表情，趁势恭维道：“别人都介绍说，全罗马材料最齐全的商店就是您这儿了。”

特罗科利先生的胖脸露出笑意，朗声说道：“先生你找对地方了。我敢说全罗马任何一个化学商店有的材料，我这里都有！”

“真的？”塞格雷面露喜色，但还有点半信半疑，“这清单上的物品……”

“没问题，”胖经理爽快地说，“八成我可以包下来。”

“太好了！”塞格雷大喜过望。

“你们的实验真的是世界水平？”胖经理善意地提问。

“百分之百的世界水平！由费米教授亲自主持。”

“是费米阁下的实验？”胖经理听见费米的名字，顿时满面生辉。他让“蛇怪”进店随便选货，价钱也不计较。

塞格雷庆幸自己的公关到了家，他对照着费米在清单上开的条目，逐一扫荡特罗科利先生的货架。不到一个时辰，购货袋就装得鼓鼓囊囊的，而且店主开的价都很便宜。

末了，塞格雷看见清单的最下角写着铈和铷，这两种元素都是银色的软金属，化学上很少使用。他在货架上也没看见。

“这玩意儿有吗？”他随意地问特罗科利先生。

“有。”胖经理的回答出人意料。他从一个货架积满灰尘的最顶层取下它们来，递给塞格雷。塞格雷拿在手中，如获至宝。

“这铈和铷先生收多少钱？”他问。

“你拿去用吧！它们在我的店里已经摆了15年啦，从来没有人问津过。你

们用得着，就免费赠送给你们。愿上帝保佑。”

塞格雷满载而归，大家高兴极了，费米把“蛇怪”大大表扬了一番。接下来，他们用中子炮弹攻下了一个个核堡垒。

奇异的“靶”

qiyideba

费米采取了大包围进攻的方法，他按元素周期表的顺序，对各种元素一个不漏地逐一进行轰击。

结果，费米小组获得极大的成功！氟以后的元素大部分都被激活了。他们用中子轰击了 68 种元素，其中有 47 种产生了放射性产物。而且他们发现每次产生的新元素，大都是周期表里下一个位置元素的同位素。

原子核由一定数量的质子和中子构成，质子带有正电荷，中子则不带电。原子核的质子数，就是这种元素在周期表里的序号。一种元素的所有原子在核里有同样数目的质子，在壳层里有同样数目的电子。这决定了每个元素都具有它独特的性质。人们发现，有些原子核里的质子数相同，但中子数不同。照理说，它们应该是品种不同的原子，但是它们的许多化学性质却非常接近，于是，科学家把它们塞在周期表的同一个位置里，称为“同位素”。带有放射性的同位素，被称作放射性同位素。

短短的几个月里，费米他们就制造出 40 多种新的同位素。这些同位素元素都能放射出射线来。也就是说，他们制造出一大批人工放射性元素！这是非常了不起的成绩。

1934 年 5 月，费米小组按照周期表的顺序，轰击排在第 92 的最后一位元素铀。

实验开始前，费米兴奋得彻夜难眠，因为这次实验具有双重的意义。铀是

当时所知的最重的元素，如果实验成功，就意味着他们攻下了最顽固的“核堡垒”；另外铀排列在周期表的最后一位，根据他们前期实验的结果，用中子炮弹轰击它，应该产生出下一位的元素，也就是第93号新元素！

实验结果不出费米所料，铀在中子的轰击下被激活了，而且衰变成不止一种元素。他们从中得到一种新的放射性产物。经过化学分析，证明它不属于从第82号铅到第92号铀之间的那些重元素，它的放射性半衰期长达13分钟。

这一切意味着，这种放射性产物很可能是93号元素。大于92号的元素可以称为“超铀元素”。如果确实如此，将是一项重大发现。费米小组的每个成员都欣喜若狂。

费米也为实验结果感到激动。不过他在写报告时并没有急于下定论，也许是他的物理直觉提醒了他：这次实验的结果有点复杂。这篇题为《原子序数大于92的元素可能生成》的报告发表在5月的《自然》杂志上。文章里写道：

> 长达13分钟的放射性以及与很多重元素等同的否定证据，提示了这样的可能性：元素的原子序数也许大于92。如果它是93号元素，其化学性质应当与锰和铼类似……

围绕着费米小组的发现究竟是不是超铀元素，各国物理学家的争论一直继续着。后来才知道，费米他们当时的实验结果，是最早出现的重核裂变现象。它的重要意义比发现一个新元素更大！也就是说，铀原子核在中子炮弹的轰击下，不是衰变成另一种元素，而是被裂变成几块！

费米的中子弹，的确威力够大！

不过，费米当时掌握的实验证据，难以作出这个判断。他们也不可能想到这一点。那次实验的裂变物中，的确也存在超铀元素的成分，不过恰恰不是费米测量的那一部分。

原子核真是奥妙无穷。

金鱼池里的辉煌

jinyuchilidehuihuang

罗马炎热的夏天过去了,费米小组的中子轰“靶”实验仍在继续。一个偶然的发现,使这个生龙活虎的科研群体沸腾起来。

一天上午,阿玛尔迪和新来不久的助手彭泰科尔,正在做中子轰击银的实验。像往常一样,被试金属银做成圆筒状,筒内装入中子源,然后将整个装置放在一个铅盒里。实验时,彭泰科尔观察到一个奇怪的现象:银圆筒在铅盒里安放的位置不同时,产生的放射性强度不完全一样。这种差异以前从没有注意到。

阿玛尔迪和彭泰科尔觉得很奇怪,跑去向费米报告。费米当时刚从南美洲讲学回来,拉赛迪也在场。

“恐怕是你们的测量误差,这种情况常有的。”拉赛迪说。

“我们试了几次,”阿玛尔迪扬起粉红脸申诉道,“银筒放在铅盒中央和放在铅盒的角上,产生的放射性测出来就是不一样。”

一直在留心听的费米,这时突然说:“你们把银筒拿到铅盒外面辐射,看看结果怎么样!”

阿玛尔迪和彭泰科尔两眼一亮,立即返回实验室去测试。一连几天,不断有新奇事发现。银筒周围的东西,似乎对放射性有明显影响。如果银筒放在木板上被辐照,它产生的放射性比放在铁板上的更大。

敏锐的费米意识到这其中必有奥妙。全研究小组的人都兴奋起来,一齐投入了实验。

在费米的指挥下,助手们把中子源放在银筒外面,中间隔着一层铅板对银

筒辐照。银筒的放射性略有增加。

铅是重金属,换一种轻物质会怎么样呢?

"换成石蜡试试!"费米说。

助手们找来一大块石蜡,在上面挖了一个孔,把中子源放进孔里去,然后对银筒进行辐照。

结果出现了奇迹!他们拿着辐照过的银筒到盖革计数器那里测试时,计数器发疯似的咔咔地响个不停。整个实验室都沸腾起来,走廊里传出一片惊呼声。

"太不可思议啦!"

"简直难以相信!"

"见鬼了!"

银的人工放射性强度竟被石蜡提高了 100 倍。

工作日志记下了这次实验的时间:1934 年 10 月 22 日上午。

实验小组平常都要午休两个小时。极度兴奋的费米草草吃过午饭,独自

1934 年 10 月 22 日,利用慢中子轰击获得人工放射性物质的报告签名者,右起为费米、拉赛迪、阿玛尔迪、塞格雷、达戈斯蒂诺,缺彭泰科尔。

一人回到办公室,冷静地思索起来。

他微蹙着眉头,在地板上来回踱着步子,反复思考着石蜡的奇特作用究竟是什么原因。石蜡里含有大量的氢,氢核是最简单的原子核,只由一个质子构成。中子在穿过石蜡时,会首先击中氢核的质子。中子与一个质子碰撞时,会失掉一部分能量,速度会减慢下来。这就像打台球一样,一个球在撞到另一个静止的球时自身会慢下来。一个中子在穿出石蜡之前,会连续与许多质子碰撞,它的速度因此会大大减低。这种"慢中子"轰击银靶时,比快中子被银原子俘获的机会大得多!

"对。"费米击着掌自言自语道,"这就像打高尔夫球,一个飞快的球可能从球洞口跳过去,而一个慢慢滚着的高尔夫球,却更容易落进球洞里。"

费米想到这里,不禁茅塞顿开。

当他午后回到实验室时,已经胸有成竹。为了证实这一想法,用其他含氢量大的物质,也应该有和石蜡同样的效果。

"伙计们,""教皇"拍拍手掌宣布道,"咱们用水试试!看对银的放射性会有什么影响。"

"需要多少水呀?"

"多多益善。"费米答道,"至少也要数量可观,中子的速度才可能明显减慢。"

"数量可观"是个模糊的概念,究竟是一盆、一缸,还是一桶,谁也说不准。还是"蛇怪"塞格雷的脑子转得快,他大声提议道:"柯比诺先生的金鱼池怎么样?"

这个提议立即得到全票通过。

物理楼的后面有个私人花园,是属于柯比诺教授的。作为物理系的系主任,柯比诺一家在物理楼的三楼上还拥有一套宽敞的住宅。罗马大学物理楼就是这位参议员的家,那群年轻的物理学家就是"他的孩子们"。这个花园费米他

们经常去玩。花园里有个喷水的金鱼池，里面养了很多金鱼。拉赛迪的一条宠物蝾螈也曾在池里安过家。

再也没有比这里更合适的实验地点了。当天下午，他们就把实验设备搬到金鱼池旁，小心地把中子源和银圆筒浸入水中的两端，然后开始测试。

金鱼们没有理会水中射过的千万发中子炮弹，照样悠然地在水中游着。池旁的年轻物理学家们，却一个个激动万分。

这次实验的结果，完全符合费米的预计。计数器同样发疯似的咔咔作响！那声音他们听起来，比一百串鞭炮还让人心花怒放。费米的理论得到了证实，含氢量多的水也把银的人工放射性大大地增强。"慢中子"作用的发现，为以后的重核裂变提供了钥匙，它是费米科研生涯里辉煌的一页。后来费米因此荣获了 1938 年的诺贝尔物理学奖。

当天晚上，大家聚集在阿玛尔迪家里，在一片欢腾的气氛中给《科学研究》杂志写实验报道。费米口述报道的内容，塞格雷用笔记录下来，然后由阿玛尔迪的妻子用打字机打出来。

每一个人当时都沉浸在狂喜之中，他们激动得在地板上踱来踱去，互相争论着发表自己的意见，一个比一个喊得响。阿玛尔迪家的保姆从门后探出头来，怯生生地问女主人，这些客人是不是全都喝醉了。

这个动人的场面，是费米研究集体最辉煌的一幕。

没想到，这竟然是他们最后的绝唱。

KEXUE JUREN DE GUSHI

诺贝尔奖

罗马学派的星散

luomaxuepaidexingsan

两天后的早餐，柯比诺兴冲冲地来到实验室。这位主帅听说了他们在金鱼池里的发现，仔细询问了实验的结果。

费米回答说，他们正在准备一篇更全面的实验报告。

“你们应该立即申请专利，取得专利之后，再发表怎样制造人工放射性物质的细节。”柯比诺明确指示说。

费米他们照着柯比诺的建议做了。10 月 26 日，即实验成功四天之后，他们联名申请了利用慢中子轰击获得人工放射性物质的专利权，发明人一共七人：费米、拉赛迪、塞格雷、阿玛尔迪、彭泰科尔，为实验提供了氡的“天恩”以及另一位参加实验的化学家达戈斯蒂诺。

整个研究工作画了个圆满的句号。

才华横溢的马扎拉纳很可惜没有参加这次实验，这位数学神童在年前去德国待了一段时间。后来因为家庭变故遭遇不幸，辞去职务。他留下一封遗书，登上一艘开往西西里岛巴勒莫的船，从此无影无踪。马扎拉纳是费米手下最年轻、最有前途的学生，他的不幸不仅是他个人的悲剧，也是费米小组整个研究集体的损失。

用慢中子轰击获得人工放射性物质的实验发现之后，费米小组没有再取得进展。小组的研究工作实际上停顿下来，仿佛一艘远航的军舰，在中途突然抛了锚。

大家都感到很困惑。有一天塞格雷耐不住寂寞，去问费米。

“你是‘教皇’，”他说，“一贯正确，你能不能告诉我，为什么我们今年竟然

一事无成呢？”

费米用沉重的语气答道：

“到物理系图书馆去，抽出那本大地图集。打开它，你自然会找到答案。”

“蛇怪”照着费米的话做了。他恰恰翻到埃塞俄比亚那张地图上，那一页里夹着一张黑色的书签。1935年10月，意大利法西斯军队入侵了埃塞俄比亚。战争的烈火，给两国人民都带来了灾难。意大利国内的经济状况日益恶劣，人心不稳，怨声载道。在这种动荡的背景下，那种无忧无虑的合作气氛是永远不可能再有了。

也许，马扎拉纳的夭折已预示了罗马学派的衰亡。

不久，费米研究小组的人员相继离去。拉赛迪于1935年7月到美国去做了一年多的访问学者。他回来时，“蛇怪”塞格雷已经结了婚，离开了罗马。塞格雷受西西里岛巴勒莫大学之聘，在那里任物理学教授兼系主任，后来又去了美国加利福尼亚大学参加核研究。

接踵而至的打击更大。1937年的新年钟声刚敲过不久，柯比诺先生突然病倒了，全身发着高烧。医生诊断是急性肺炎。这一年的冬天特别寒冷，寒流从阿尔卑斯山北面滚滚袭来。柯比诺的病情日益恶化，后来发展到神志不醒。

费米昼夜不离地守在柯比诺的床前，祈祷恩师能够奇迹般地战胜病魔。可是，最好的医生也回天无力。1月23日，柯比诺与世长辞！

罗马学派从此失去了主帅和庇护人。

这个打击，对费米他们这群年轻的物理学家来说，无疑是巨大的。除了感情上的悲痛外，紧接着的是事业受到重创。

那位“北先生”终于等到了东山再起的机会。按照学院的惯例，柯比诺职务的继承人，应由全体教授会来提名。毫无疑问，无论是声望还是学术成就，这个人选不是费米就是拉赛迪。可是在教授会召开之前，校方提前指定“北先生”为物理系主任兼实验室主任。罗马大学当时的校长也是一名顽固的法西斯党员，他和“北先生”私交颇深。根据一条已被人们遗忘的规定，他有权越过教授会任命人选。

“墨索里尼永远正确”

mosuoliniyongyuanzhengque

1938年年初，费米一家搬进在罗马的新公寓。这套新公寓靠近波尔吉斯别墅，旁边是一座很大的公园，环境很幽雅。公寓的条件也很好，房间宽敞，浴室里镶着绿色大理石。

这时，他们已经有了一对聪明可爱的儿女。女儿的名字和妈妈一样，叫劳拉，刚上小学。儿子朱里奥不满两周岁，家里请了保姆照看。

按照当时意大利的生活水准，他们应算是相当富裕的家庭了。

费米的收入，除了教授和皇家科学院院士的双份薪金外，还有写书的稿酬，政府部门兼职的津贴，以及国外讲学的节余等。

新公寓是他们自己买的，费米夫人一眼看中了那个镶绿色大理石的浴室。这时，费米的汽车也由那辆微型的“黄蛋壳”，换成了一辆更漂亮的奥古斯塔牌。他们常常乘着这辆车去佛罗伦萨旅游。

费米夫人对这一切很满足。丈夫事业有成，儿女活泼可爱，家境又很富裕。搬进新公寓时，她从心底感到他们一家在罗马深深扎下了根。

可是费米的感觉和妻子不同。科学家的直觉告诉他，意大利正临近着一场政治灾难。早在两三年前，他就意识到这场褐色风暴迟早会卷来。他一向不过问政治，只希望置身于旋涡之外，躲在实验室的象牙塔里静心地做他的物理研究。但是墨索里尼朝着战争和专制每向前迈进一步，他的心头就笼罩上一层阴影。

法西斯主义在意大利一天比一天甚嚣尘上。

1935年秋墨索里尼发动战争入侵埃塞俄比亚,遭到世界舆论的抨击。国际联盟宣布对意大利实行经济制裁。这场战争本来是不得人心的,但是墨索里尼是个蛊惑人心的天才,他在万人大会上叫喊道:

"如果实行制裁,我们就勒紧自己的腰带!"

人群向他欢呼道:"我们就勒紧自己的腰带!"

独裁者利用国际制裁给意大利造成的孤立,使人民暂时团结在他周围。他还动员全国的妇女,自愿把结婚戒指献给国家,换取一枚廉价的钢戒指。成千上万的女人,从高贵庄重的王后到普通的意大利妇女,排着长队去举行献忠心的换戒仪式。费米夫人也走在这个行列里,尽管她内心是反对这场侵略战争的。

第二年春天,从埃塞俄比亚传来意军频频获胜的消息。

刚刚出生的朱里奥睡在摇篮里,报童叫卖《红色信使报》的尖利喊声从窗外飞进来:

"埃军的残余部队正向南逃窜!"

"意大利的国旗已在安巴阿拉吉上空飘扬!"

战争的胜利拯救了法西斯,墨索里尼成了意大利的英雄。

罗马的大街上,到处挂满了法西斯口号。这些口号在意大利早已是无人不晓:

"墨索里尼永远正确!"

"战胜是必要的,但作战更为必要!"

"一手拿书,一手拿枪,才是完美的法西斯党员。"

望见这些法西斯的宣传标语,费米和他的朋友们模仿着访美时见到的广告语,大声嘲笑道:

"墨索里尼永远正确——请用布马牌剃刀!"

"战胜是必要的,但作战更为必要——请用布马牌剃刀!"

“一手拿书，一手拿枪——请用布马牌剃刀！”

劳拉很惊奇自己的丈夫会如此公开对法西斯的不敬。事实上，费米的心里这时已经萌生了离去的念头。

这年10月，希特勒和墨索里尼结成同盟。法西斯主义在意大利更加甚嚣尘上。费米冷眼看着这些变化，他无力改变现实。罗马大学的研究工作几乎完全停顿下来。

当希特勒3月间撕毁了《凡尔赛条约》，出兵占领了莱茵兰时，他已有预感，欧洲的和平将受到严重的威胁。费米为全家人买好了防毒面具。他曾几次动了到国外去搞研究的打算。费米同劳拉商量过几次，但劳拉认为没有这么严重，她不愿意离开故乡，还有罗马和佛罗伦萨的亲人们。事情暂时搁了下来。

墨索里尼和希特勒

费米一家搬进新公寓不久，事态向着更加令人不安的方向发展。5月，希特勒访问意大利。两位法西斯巨头的拥抱，预示着一场褐色风暴即将刮来。那年夏天，墨索里尼开始步希特勒的后尘，在意大利发动了一场大规模的反犹太运动。

7月初，劳拉带着两个孩子到阿尔卑斯山避暑时，还没有觉察到灾难即将临头。费米8月里匆匆赶来，神情显得非常沉重。

“你怎么啦？亲爱的。”劳拉不安地问丈夫。

“难道你没有注意到正在发生什么事吗？”费米责备她道。

原来就在7月14日那天，意大利公布了反犹太运动的《种族宣言》。在这份官方文件里宣称：“意大利人属于雅利安种族。而犹太人并不属于意大利种族！犹太人代表意大利唯一始终不能被同化的那一部分人，他们由非欧洲种族的成分所组成……”

疯狂的新法律、新规定、新条款每天都在发布。诸如禁止意大利人同外国人、雅利安人同犹太人通婚,单身汉在政府控制的部门中不能得到晋升,白领公职人员必须穿统一的制服,禁止男人衣服上打领带,限定女人的发型等等。

劳拉终于亲身体验到法西斯的迫害。因为她的母亲是犹太人,劳拉的父亲突然被免去海军将军的职务,当局未作任何解释。

当9月初《反犹太法》通过时,费米夫妇立即作出了离开意大利的决定。这是他们唯一的选择。

天赐良机

tianciliangji

科学是没有国界的,但是科学家有自己的祖国。

费米深深地热爱自己的祖国意大利,这里是生他养他的地方。他少年时代的梦想、青年时的追求、他的教授生涯、科研成就,都是在这块美丽富饶的土地上开花结果的。无论是罗马城里的喷泉、比萨斜塔的塔影,还是阿尔卑斯山的雪峰,他都铭刻难忘。尤其是罗马大学,更令费米怀有一种难舍之情。为了振兴意大利的物理学,他们一帮热血沸腾的年轻物理学家,在柯比诺的鼓励下,在这里叱咤风云,写下了多少辉煌!

可是,如今这一切都成了明日黄花。柯比诺离开了人世,罗马学派星散,罗马大学的物理楼被一位法西斯党员所把持,费米的研究工作已不可能进行,他的妻子和孩子随时可能受到种族主义的迫害。为了未来的事业和家人的安全,他只能离开意大利。

但是,出走并不是容易的事。费米是一位著名人物,知名度很高,在当时的褐色恐怖下,要带着全家人逃离意大利是很难的。

一切准备都是秘密进行的。

费米先写了四封信给美国的四所大学，这四所学校曾经来函邀请他去任教。费米在信中婉转地写道:“我过去不能接受贵校邀请的理由,现在已经不存在了。”

为了避免引起怀疑,四封信分别是在四个不同的乡村邮局寄出的。费米很快就收到了回信,几所大学都寄来邀请函,热情欢迎他去讲学。

费米接受了哥伦比亚大学的邀请。他正式向当局的主管官员提出申请,要求起程去纽约进行六个月的学术访问。

意大利当时正实行严格的外汇管制。这也是法西斯当局加强对国内控制的一项手段。所有意大利公民必须把手中的外币兑换成里拉;凡是出境的居民,每人只准随身携带 50 美元。

这就意味着,如果费米夫妇此次永远离开意大利,他们将会一贫如洗。夫妇俩事先已做好了这种思想准备。

正在这时,一个意外的喜讯从丹麦传来,改变了他们的计划。10 月,在哥本哈根召开的一个物理学会上,有知情的朋友透露,费米已和另一位物理学家被提名为本年度的诺贝尔奖候选人。这位知情的朋友就是玻尔,消息的来源相当可靠。

如果这能成为事实,对费米夫妇来说不啻是天赐的良机!诺贝尔奖的奖金是一笔不小的数目,可以使他们获得经济上的保障。而且,他们可以先以领奖的名义去斯德哥尔摩,再从那里直接去美国。

从 11 月初开始,劳拉就怀着几分希冀和几分喜悦,期待着好消息的降临。她祈祷上苍保佑,丈夫这次一定能获奖。

1938 年 11 月 10 日傍晚,经过一整天的期待,斯德哥尔摩的电话终于打来了!

瑞典皇家科学院的秘书,在电话里宣读了费米荣获诺贝尔物理学奖的奖状:

奖金授予罗马大学恩里科·费米教授，以表彰他证明了由中子轰击所产生的新的放射性元素，以及他在这一研究中发现了慢中子引起的核反应。

十几分钟后，费米的家里挤满了朋友，他们都向费米夫妇表示衷心的祝贺。这是费米的光荣，也是罗马大学和意大利的光荣！而此时此刻，街上的喇叭里还在广播“要吊销所有犹太人的护照”，劳拉的心头不禁悲喜交加。

接受诺贝尔奖

jieshounuobeierjiang

1938 年 12 月 6 日，费米夫妇带着两个孩子和保姆离开了罗马。

几个最好的朋友，有拉赛迪、阿玛尔迪一家在火车站为他们送行。他们已知道费米一家将去美国定居。大家在月台上依依惜别，都不愿讲出这次分手对他们的含意。事实上，这是他们合作多年的研究集体的终结。罗马学派再也不存在了。拉赛迪也准备第二年离开意大利，到国外谋职。

朋友们都能理解，费米的出走是迫不得已的事。不是他背弃了故乡和亲人，而是疯狂的法西斯把这位意大利最优秀的儿子赶出了意大利。

火车就要开动了，列车员大声吆喝着“上车啦”。

费米紧紧握住拉赛迪和阿玛尔迪的手。

“大家多保重！”

“我希望能很快再见到你们。”拉赛迪声音低沉地说。

“一路平安！”阿玛尔迪的眼里闪着泪光。

火车缓缓驶出月台。费米夫妇从窗口探出身来，向朋友们最后一次挥手告别。

罗马的建筑和一株株塔松从窗外掠过去了。

费米望着窗外，心里默默地说：

“再见，罗马！”

“再见，我的意大利！”

一声长鸣的汽笛划过寒空。火车沿着北线，径直向斯德哥尔摩方向驶去。

劳拉小声地问费米：“路上会有问题吗？”

费米说：“现在没有什么能阻挡我们的了。”

劳拉还是有些不放心。从罗马到斯德哥尔摩，火车要行驶将近48小时，途中还要经过德国。一个多月以来，他们一直处在出国计划能否实现的担心之中。他们很清楚，墨索里尼的法西斯政权是什么事都可能做出来的。只要列车还在意大利境内，他们就不敢担保是安全的。

费米看出妻子的不安，他平静地拍拍劳拉的手背，似乎在安慰她：我们会平安无事的。

直到列车在布伦内罗山口通过了边境检查，劳拉发现费米才真正地松了一口气。

第三天，列车抵达瑞典首都斯德哥尔摩。费米夫妇一下列车，就被卷入诺贝尔奖花环和荣誉的旋涡中。瑞典人民向这位杰出的意大利科学家和他的夫人伸出了欢迎之手。

12月10日，举行了隆重的诺贝尔奖金的颁奖仪式。

诺贝尔奖金是根据瑞典化学家诺贝尔的遗嘱设立的，从1901年开始，每年颁发一次，世界各国只有在物理、化学、医学、文学及和平事业上贡献卓著的人，才可能获此殊荣。1938年的诺贝尔奖只颁发了物理学奖和文学奖两项。物理学奖得主是恩里科·费米，文学奖得主为擅长写中国题材的美国女小说家赛珍珠。

诺贝尔物理学奖是公认的世界最高的科学荣誉。曾经获得过诺贝尔物理

学奖的科学家，有伦琴、洛仑兹、居里夫妇、开尔文、迈克耳孙、汤姆逊、普朗克、爱因斯坦、玻尔等。费米是第一个获得这个荣誉的意大利人，因此格外引人注目。

颁奖仪式在典雅的音乐厅里举行。费米和赛珍珠端坐在演奏台的正中央。赛珍珠穿着一件露肩的深色长拖裙，丰腴的脸上露出沉思的微笑。费米穿着黑色晚礼服，领口露出丝质的翻领，面部表情有点拘谨。整个音乐厅里座无虚席。名媛女士们一个个穿着溢光流彩的晚礼服；男宾身着白色燕尾服，胸前佩戴着沉甸甸的勋章。在费米和赛珍珠的后面，坐着历届诺贝尔奖金获奖人和瑞典皇家科学院院士。

诺贝尔奖章和证书由瑞典国王古斯塔夫五世颁发。领奖人先是赛珍珠，她穿过演奏台走下台阶，从站在第一排正中的国王手中接过奖章和证书。国王又高又瘦，一头银发，显得睿智而慈祥。

瑞典国王古斯塔夫五世向费米授奖

在整个颁奖过程中，费米都有些紧张。他坐在雕花皮背的高背椅上，两手扶着椅子的扶手，小心翼翼的。说来也真有意思，每当人生的重大时刻，他的服装都要闹点小别扭。作新郎时衣袖太长；当院士时帽子翘着翎毛；此刻要领取诺贝尔物理学奖了，他的晚礼服衬衫的衬胸因为浆得过硬，随时可能突然砰的一下鼓出来，所以他不敢造次。

轮到费米领奖了，国王陛下俯下身来同他亲切握手，并递给他装有证书、奖章的盒子和一个大信封。信封里装着一张三万四千美元的支票。

费米手里拿着这三样东西，按照礼仪退着步子回到自己的位子上，很开心地坐了下来。全场响起暴雨般的掌声。

当天晚上，王宫里举行了盛大的晚宴和舞会。费米伉俪沉浸在喜庆和友好的欢乐气氛之中。

全世界都在为他们祝贺，意大利祖国却对费米获奖的事讳莫如深。罗马的报纸只用了三行小字报道费米和赛珍珠获奖的消息。

这次诺贝尔奖金颁奖实况被拍成了电影。影片不久在各国上映，即刻引起意大利法西斯的狂怒。费米被法西斯当权者指责犯了双重罪行：首先他没有穿制服，而是穿资产阶级的燕尾服；更为严重的是，他没有向瑞典国王行法西斯礼。

对于这一切，费米只是一笑置之。

反正他已经不能也不会回意大利了！

定居美国

dingjumeiguo

在散步中讨论问题的费米和玻尔（1938 年）

两周以后，费米一家从南安普敦登上一艘名叫“法兰克尼亚号”的邮船，驶向大西洋彼岸。

南安普敦是英国南部的一个港口。费米夫妇离开斯德哥尔摩后，途经丹麦首都哥本哈根，专程去拜会了玻尔教授。玻尔在自己的郊外别墅里热情地款待了他们。

玻尔是原子物理学的老前辈，在

科莫会议上曾同费米见过面，他为这位意大利年轻物理学家荣获诺贝尔奖感到由衷的高兴。两人促膝交谈，十分亲切。玻尔最关心的是欧洲的时局，眉宇间透出深深的忧虑。希特勒9月里撕毁了《慕尼黑协定》，战争的阴云已经密布欧洲上空，玻尔非常担心他的家园和祖国的安危。

1939年1月2日费米夫妇和两个孩子到达纽约

"法兰克尼亚号"邮船经过八天远航，于1939年1月2日平安抵达纽约。

在薄明的晨曦中，纽约城的轮廓出现在地平线上。费米夫妇和两个孩子一齐拥在甲板上，向远处眺望。

邮船驶入港口时，费米夫人凝视着缓缓移近的自由女神像，心头显得格外平静。两个孩子劳拉和朱里奥，兴奋得不住地挥动着双手。他们头上戴着在丹麦买的飞行帽，帽檐下露出卷发。费米黧黑的脸膛上这时露出了笑容，他风趣地说道：

"我们已经创立了费米家族的美国支系了。"

是的，从这一天开始，他们将在这个年轻的国家里定居下来，并且要学会适应一种新的生活方式。

哥伦比亚大学位于纽约城十街区。费米一家先是在附近租了一套公寓临时居住。公寓带有家具，从窗口可以眺望舟船繁忙的哈得孙河。但是公寓楼附近的街道上寒风凛冽，风大时曾经把小朱里奥刮倒在地上。小家伙脸蛋冻得通红，眼里挂着泪珠。后来，费米夫妇决定自己买一所房子，在纽约定居下来。

纽约是一个大千世界，人口众多，街道密集，在城里很不容易找到适合家庭居住的适宜住所。条件好的人大都在郊外有住房。费米的一位化学家朋友尤

里，就住在城郊的奥尼亚镇上。

一个星期天，费米夫妇搭车拜访了这位朋友。尤里博士长着一张圆脸，是一位好客和专注的学者，曾在1934年获得诺贝尔化学奖。他详细而热情地向费米夫妇介绍了在奥尼亚镇居住的好处。

几个月后，费米夫妇在奥尼亚镇附近拥有了一所自己的住房。这是一处典型的美国家居住宅，带有地下室、花坛、水池和一大片草坪。房子装修好时，他们的全套"弯腿家具"刚好从意大利运来。他们终于在异乡的美国有了安身之所。这时费米38岁。

在当初结婚时费米曾对劳拉说，他准备到40岁时就退休。一个物理学家，很难在40岁以后还有重大的发现。他是农民的子孙，打算再回到土地上去，过那种自给自足的自在生活，他甚至看中了罗马郊外的一块地方。

不管当时的话是真是谑，移居美国的人生之旅，完全改变了费米的初衷。他和妻子、孩子们首先面临的，是需要适应美国的生活方式，包括不同的习俗、观念、语言和文化。

费米夫人不算是能干的家庭主妇，尤其是厨房里的事以前很少做。现在她亲自下厨，一手拿着美国的烹调书，一手操着汤勺如法炮制，烧出的美国菜不是太酸，就是太咸。费米每吃一口都得伸伸舌头。好在美国的食品罐头十分丰富，他们于是大饱了一阵罐头的口福。

美国人喜欢什么事情都自己做，因为请人工很贵。漆墙壁、锄草、修理家具等，都是美国丈夫的必修课。

尤里博士告诉费米夫妇说："到星期天，你们就穿上最破旧的衣服去园子里干活好了。"

费米宁愿披着最脏的灰色长外套，在罗马物理楼的走廊上疯狂地奔跑，也不喜欢穿上破衣服去侍弄草坪。他做了十年意大利丈夫，要改做美国丈夫很难。劳拉体谅丈夫的秉性，于是主动承担起家里的园艺活。

尤里博士指示道:“草坪的主要麻烦是蟹草,只要一看见蟹草就要拔掉,决不留情!”因为蟹草是生长很快的杂草,会夺走栽种植物的养料和空间。

费米夫人动员全家出动,一齐剿灭蟹草。但是她分不出杂草和其他草有什么区别,费米也说不清楚,他们把最像的那些草都一一拔掉了。到了夏天时,他们还是不知道哪种是蟹草。尤里先生来到他们的草坪,瞪着眼看了看,脸上现出滑稽的表情:

“天哪,你们草坪上长的全都是蟹草啊!”

费米听后平静地说:“它们不过是未经批准的一年生植物罢了。”

在语言方面,费米的适应能力却很快。费米在哥伦比亚大学有一个博士研究生,名叫赫伯特·安德森,是个文静而机敏的美国青年。他教了费米许多学英语的诀窍,使费米受益匪浅。

“你们可以雇用邻居的小孩,他每纠正一次你们英语的错误,就给他一分钱,保险奏效。”安德森说。

费米照着做了,果然收到立竿见影的效果。安德森还给自己的博士生导师讲了许多美国的东西。师生间的关系完全是平等的、朋友式的。在费米夫人看来,安德森跟着费米学物理学,同时又把美国观念教给了费米。

“美国观念”也传染给了孩子们。

九岁的劳拉放学后,开始强调有权独立支配自己的时间。费米夫人叫四岁的儿子去盥洗间把手洗干净。小朱里奥却一本正经地答道:“你不能叫我去,这是个自由的国家。”

KEXUE JUREN DE GUSHI

人类第一座原子反应堆

惊人的消息

jingrendexiaoxi

费米夫妇在美国定居不久,玻尔教授从哥本哈根来纽约作短期访问。费米夫妇专门到纽约码头去接他。

玻尔从邮船的舷梯上走下时,显得疲惫不堪。比一个多月前他们在斯德哥尔摩见面时,明显地老了。他驼着背,两道浓眉紧锁着,看上去心事重重。

"欧洲已经燃起战火！丹麦也很危险。"他对费米说。

"希特勒简直是发疯了。"费米嘟囔道。

玻尔还带来一个令人震惊的消息。

玻尔有个学生名叫奥托·弗里施,是从德国逃出来的年轻科学家。弗里施的姑母莱斯·梅特纳是一女原子物理学家,曾在德国和著名化学家哈恩及助手斯特拉斯曼长期合作,研究人工放射性元素。他们的研究工作卓有成效,曾共同发现元素镤。但梅特纳是犹太人,在研究到了最关键的时候被迫离开德国,逃亡到斯德哥尔摩。费米夫妇在斯德哥尔摩时,曾经见过这位杰出的女性。

两位德国化学家继续着研究工作。1938 年底,他们终于获得重大突破。哈恩和斯特拉斯曼通过精确的化学分析发现，用慢中子轰击铀原子核得到的物质,不是费米的"第 93 号"元素,而是重量只有铀原子一半的钡!

哈恩和斯特拉斯曼对这一结果无法解释,因为按照以往的规律,被中子轰击的元素,都衰变成相邻元素的同位素。怎么会出现轻一半的东西呢? 他们如实报道了实验结果。

哈恩还特地给瑞典的梅特纳写了一封信，告诉她这个结果以及他们的困惑。

梅特纳是位非常敏锐的科学家,她立即意识到这一发现的意义非同小可。圣诞节时，正好外甥弗里施到斯德哥尔摩来看望她。梅特纳同弗里施谈起这事,弗里施也觉得很奇怪。

“会不会哈恩那老头的实验有问题？”弗里施问。

“绝对不会。” 梅特纳说,“我同哈恩先生合作 30 多年，他的工作非常严谨。”

“那这里面必定有其他缘故。”弗里施沉吟道。

“只有一种可能！”梅特纳明澈的眸子一亮,兴奋地说,“在中子的轰击下,铀原子分裂成了两块 。”

“对呀,铀原子被中子击破,会产生巨大的能量分裂。”

“是的,哈恩先生的实验结果,实际上发现了核裂变。”梅特纳第一次使用了“裂变”一词,她若有所思地说,“它将伴随着巨大的能量释放。”根据梅特纳的分析,铀原子产生核裂变时,将放出大量的能量,而且两块碎片一定会以极快的速度分开。

核裂变的真相终于大白了。哈恩因为这一发现五年后获得诺贝尔奖。梅特纳虽然没有能分享这一荣誉,但她的贡献和洞察力却为世人所景仰。

弗里施从瑞典南部回到哥本哈根后,立即向玻尔教授报告了这件事。玻尔当时正准备起程来美国,听到这一消息大吃一惊。因为梅特纳从哈恩的实验结果中发现,每个铀核分裂时,质量减少了。根据爱因斯坦相对论的 $E=mc^2$ 公式计算,意味着核裂变可能产生人类从未有过的巨大核能!

玻尔到达美国时,一封从北欧拍来的电报正在等着他:梅特纳和弗里施已经极为成功地进行了实验,证明了他们分析的结论。

费米从玻尔的口中获悉核裂变的消息后,也非常激动。

六年前那场关于“第 93 号”元素的悬案,如今终于有了结果。

事实上,当时他的小组用中子轰击铀时,已经实现了核裂变。可惜他们没有想到铀会发生一种与其他元素完全不同的转变，而是按照既定的思路，一门心思去寻找“新元素”，因此他们错过了发现核裂变的机会！另一方面，当时他们也缺乏足够的化学知识去逐一分析铀的转变物质。发现核裂变的殊荣，最终只能由两位化学家赢得了。

不久，在华盛顿举行的第五届理论物理研究会上，玻尔将核裂变研究的最新进展向与会者作了通报，在会上引起了轰动。华盛顿的两所大学在会议期间就证实了这一现象。

费米也参加了这次会议，他冷静地思考着核裂变引起的旋涡。

事情仅仅到此为止吗？每一个重大发现往往都是一个突破口，后面的冲锋会有很多战果。

回到纽约，费米从核裂变的理论进行分析，很快提出了一个假说。他指出，裂变的铀原子在一分为二时，会放射出中子。

这个假说非同小可！

很多实验物理学家怀着极大的兴趣和热情，立即着手从裂变中寻找中子。他们都懂得费米的假说意味着什么。

假设用一个中子轰击一个铀原子，铀原子裂成两半时，释放出能量，并且放出两个中子。这两个中子分别去轰击两个铀原子，两个铀原子裂变时，又放出四个中子。这四个中子又可以去轰击四个铀原子……如此下去，就意味着：仅用很少的人造中子轰击一定数量的铀，就能得到一连串的反应，使核裂变自发地持续下去，直到全部铀原子被分裂为止。费米把这个过程叫做自持的链式反应。

伴随着这一过程的，是比几千吨炸药爆炸威力还大的能量释放。利用取之不尽的原子能的可能性，第一次展现在人类面前。而如果用于战争，这就是可怕的原子弹啊！

不过，费米的假设是理论上的情况。实际上，并不是裂变产生的全部中子

都会轰击更多的铀原子,它们在碰到铀核之前,可能会被吸收掉。而且裂变时产生的中子速度太快,击中铀核的几率也有限,除非能有办法让它们慢下来。为了实现这魅力无穷的自持链式反应,各国的物理学家都投入到实验中。

费米也立即在哥伦比亚大学实验室投入研究,安德森给他做助手。还有两位物理学家也加入了研究的行列,一个是匈牙利籍的西拉德,另一个是出生于加拿大的年轻教师津恩。有朋友戏称他们是一个世界小组。

“世界小组”的研究很快取得了进展。费米他们使用哥伦比亚大学的回形加速器,可以获得比氡–铍要强将近十万倍的中子源!这在罗马大学实验室里是不可能有的。

与此同时,巴黎的约里奥·居里夫妇也用实验证明了,自持链式反应完全可能实现。这时正是 1939 年 3 月,从玻尔教授踏上美国才刚刚过了两个月。

科学家的警告

kexuejiadejinggao

玻尔是最先意识到核威胁的学者。他到美国后不久,从纽约专程到普林斯顿去拜访爱因斯坦。

“教授还记得梅特纳博士吗?”玻尔问。

“记得。”爱因斯坦脸上露出亲切的笑容,“我们威廉物理研究所的老小姐呀!她近来好吗?”在柏林时爱因斯坦曾称赞她的成就不在居里夫人之下。

“她现在住在斯德哥尔摩,最近发现了原子的裂变。”玻尔的谈话进入主题。

“原子裂变?这不太可能……”爱因斯坦感到很吃惊。

“这是千真万确的事。我的助手弗里施是她的外甥,他们在斯德哥尔摩专门讨论过。我刚接到他们的电报……”玻尔加重了语气说。

爱因斯坦陷入了沉思,额头上的皱纹显得更深了。

“如果原子裂变不断发生下去,产生连锁反应,那……”玻尔讷讷地说。

“那将有巨大的能量突然释放出来,”爱因斯坦接过他的话说道,“铀核将发生大爆炸,产生骇人的破坏力!”

爱因斯坦是理论物理学家,他对核能的实际运用一直保持相当保留的态度。就在几年前他还表示过,短时间内这根本不可能。

没有想到,他的德国同行这么快就打开了“潘多拉的盒子”。

爱因斯坦沉默了半晌。他的目光望着空中的某处,露出智者的叹息:$E=mc^2$ 这个公式果真具有如此大的威力啊!

玻尔的来访给爱因斯坦留下了深刻的印象。这位近代物理之父一定开始考虑自己能做些什么。

费米的“世界小组”获得研究进展后,他们更加感到核裂变的威胁迫在眉睫。费米和西拉德都是从法西斯魔影下逃出来的科学家,他们的感受是共同的。西拉德是犹太人,在柏林当过爱因斯坦的学生,后来逃亡到美国。

“假如希特勒根据这个发现,制造出有空前破坏力的原子弹,那后果将不堪设想。”费米非常担心。

“如果让德国抢在前面,那就太可怕了!”西拉德也说。

1939 年 3 月 17 日,费米带着一封佩格勒姆教授的介绍信,前往华盛顿美国海军部,向作战部长海军上将胡珀陈述了这种利害。佩格勒姆教授是哥伦比亚大学物理系的系主任。

遗憾的是,费米的这次谈话没有引起这位将军的重视。在圈子以外的人看来,“原子弹”的神话当时确实太离谱了。就连佩格勒姆教授的介绍信中,也闪烁其词地写道“我个人的感觉,这种可能性并不大”。何况费米又是一个刚来美国三个月的外国科学家呢!

又过了几个月,科学家们再次感到不能等闲视之。对法西斯的警惕和科学

西拉德和爱因斯坦

家的责任感,促使西拉德这位匈牙利物理学家决定再做一次努力。鉴于费米上次的教训,必须寻找更有效的渠道。他想到了自己的老师爱因斯坦。只有像他这样的科学泰斗出来说话,才可能引起政府的重视。

7月的一天,西拉德和另一个匈牙利籍物理学家威格纳,一起前往普林斯顿,会晤了爱因斯坦。

爱因斯坦听完两人的陈述,很快明白了全部情况及其危险性。自从玻尔来访四个月后,实现核链式反应的可能性更不容置疑了。爱因斯坦同意出面帮忙。

当时他们决定,起草一封信给美国总统罗斯福,并且由爱因斯坦来署名。

当这封意义重大的信起草好后,爱因斯坦已经到长岛的别墅度假去了。信是由西拉德起草的,内容事先已经由包括费米在内的几位物理学家仔细推敲过,万无一失。

8月2日,西拉德和威格纳,加上另一位匈牙利籍的朋友泰勒,三人驾着车直奔长岛的波科尼克。在那里,他们找到了爱因斯坦。事后,有朋友戏称他们三人为“匈牙利阴谋集团”,为了遏制德国的侵略,力促美国发展可怕的原子武器。

爱因斯坦衔着烟斗,目光沿着那两页密密麻麻的打字机纸缓缓移动,额头

上的皱纹清晰可见。

信中写道：

总统阁下：

我看了费米、西拉德两位教授最新的研究报告。这使我确信，在不久的将来，可以用铀元素转换成新的重要能源。鉴于目前的世界形势，本人认为政府应重视这个问题，如有必要，应采取果断的行动。

此一新发现，有可能使我们制造出一种新型的威力极大的炸弹，这种炸弹只需一枚，用船运到港口爆炸，就可以完全摧毁整个港口连同它周围的一切设施。

我得知，德国政府已经禁止从它占领的捷克斯洛伐克运出铀了。如果注意到德国外交部国务秘书的儿子魏扎克被任命参与柏林威廉研究所的工作，该所眼下正在进行着和美国相同的对铀的研究工作，就不难理解德国何以会有此举了。

爱因斯坦读完信，轻轻放下烟斗，从衣袋里掏出钢笔。

这位世纪老人一面评论道："这是人类历史上第一次利用并不是来自太阳的能量。"一面翻到第二页的右下方，在打印着"您忠实的"几个字落款后面，签上了自己的名字："阿尔伯特·爱因斯坦。"

一个月后，德军入侵波兰，第二次世界大战爆发了。

又过了一个月，爱因斯坦签名的信经由总统的私人顾问、经济学家萨克斯，转到罗斯福总统的手中。

总统经过慎重考虑，采纳了信中的建议，立即任命了一个"铀顾问委员会"。随后，决定动员全美国的科学家，投入原子弹的研制。这就是著名的"曼哈顿计划"。

神秘的芝加哥之行

shenmidezhijiagezhixing

1941年12月底，费米接受命令到芝加哥去了一次。这次出差是突然决定的，而且行踪神秘，连费米夫人也不知道他去做什么。那一年冬季芝加哥非常冷，费米回纽约时发着烧，还咳嗽。

没有多久，费米往芝加哥去得更勤了。当时美国已经对德、意、日宣战，敌国的侨民行动受到限制。费米每一次去芝加哥，都得提前一个星期向州检察长申请通行证。有一次费米抱怨道："他们既然让我为他们奔波，他们就应该想办法让我能行动自由！"劳拉当时也不知道费米说的"他们"指的是谁。事实上，一个重大的行动已经在实施，它就是铀计划。费米说的"他们"，是指负责此项计划的头儿：美国科研与发展总局局长布什和哥伦比亚大学的康普顿教授。

从罗斯福总统任命"铀顾问委员会"到计划实际执行，其间经历了将近两个寒暑。在这段时间里，费米小组的研究一直没有中断，哥伦比亚大学实验室成了研究原子反应堆的处女地。

链式反应在理论上已经论证了，是可能的，但要在实践中实现它，在当时似乎还只是一种遥远而朦胧的可能。它是物理学家们的一个梦，是被深锁在原子微观世界里的一团谜。

要实现链式反应，费米他们当时面临着双重的困难。

他们在实验中发现，铀裂变过程中放射出的中子速度太快，不能作为有效的子弹去轰击铀核；此外，这些中子很容易逸失。也就是说，大多数中子在它们还没有机会击中铀核前，就逃逸到空气里或者被物质所吸收。炮弹不足，裂变很难产生连锁反应。

如果要成功地实现链式反应，就必须使中子慢化，并且大量地减少它们的逸失。

对费米来说，慢化中子应该是他的拿手好戏。几年前，在罗马大学的那个“金鱼池实验”，至今还记忆犹新。那次辉煌的实验，最终使他获得了诺贝尔奖。

对，用水来试试！费米决定“故伎重演”。

他和西拉德、津恩、安德森一道，用大量的水作减速剂来进行实验。费米期待着会有重大的突破。但是这一次奇迹并没有出现。一个幸运儿不可能在同一个地方碰上两次好运气！

他们又换了其他氢化物来试。实验前后进行了好几个月，结果都不行。原因是氢吸收的中子太多，虽然中子的速度减慢下来，但数量也损失了很多。它们可以使银靶的人工放射性大大增强，但要产生轰轰烈烈的链式反应，却只能是小巫见大巫了！

“用碳作减速剂试试怎么样？”西拉德提议。

“用碳？”费米的眼睛一亮拍手说，“好主意！我们可以用高纯度的碳，纯度愈高它吸收的中子数就应该愈少。”

费米和西拉德想出了一个实验办法。他们的方案是把铀块和高纯度石墨分层叠放起来，互相交错，一层叠着一层，最后构成一个“堆”。这就是最原始的原子反应堆。

就像费米当初作人工放射性试验要用金鱼池一样，一个原子反应堆的体积也必须足够大，中子才有更多的机会打中铀核。如果反应堆太小，中子还没有机会击中一个铀核之前，就逃逸到空气中去了。

但究竟反应堆需要多大，才能产生链式反应呢？这一点谁也说不准。不过毫无疑问，它一定是个庞然大物。

这可使费米犯愁了：当时全美国生产的金属铀还不到40克，而且没有纯度那么高的石墨。因此首先需要解决材料问题。

世界上第一座原子反应堆的堆芯

幸运的是，西拉德在这方面有很多办法和关系，他自愿承担起解决原材料的重任。这位匈牙利科学家是个全才，他不仅专业在行，活动能力强，而且外交上也很有一套。费米有了这位“塞格雷第二”的相助，解决了不少难题。

1940 年初，在西拉德的奔走下，哥伦比亚大学实验室收到陆军、海军的第一笔六千美元的捐款。他们用这笔款购回几吨符合要求的高纯度石墨。于是费米和安德森成了泥瓦匠，他俩在实验室里一块块地垒起了石墨堆。

不过，金属铀一时很难搞到，再说金属铀的价钱也昂贵多了。费米一面向“铀顾问委员会”提出建议，一面先用现有的石墨进行实验。他们把石墨块堆成一个圆柱，然后在底下放置一个中子源，观察中子在石墨中会出现什么情况。这项基础研究非常重要，以至于 1940 年 4 月“铀顾问委员会”举行会议时，决定等待这项工作有了进一步结果后，再提出整个铀计划的建议。

可是实验的进度比预期的慢，主要是材料不足。到 1941 年春天时，他们得到一部分金属铀，于是在石墨块之间放进铀块，这时他们的石墨柱才成为名副其实的小反应堆。不过，这个反应堆太小了，不足以产生链式反应。随后有更多的石墨陆续运到哥伦比亚大学，实验室里垒起了一堵黑色的墙壁，一直顶到天花板上，但是它仍然远远不能实现铀的链式反应。

显而易见，要在哥伦比亚实验室里获得试验的成功是不可能了。

他们想象的原子反应堆是一头大象，谁也没有料到它竟然会是一条恐龙！

“真该死！到哪里去找那样的‘庞然大物’呀？”费米瞪着眼前的石墨黑墙直

犯愁。

为了寻找更大的实验场地，安德森接受了紧急任务。他脱掉罩衫，披上外套，寻访了纽约许多地方，后来终于找到一处可以装下“恐龙”的统楼。正在最后讨价还价时，费米接到通知，整个铀计划的基础研究迁往芝加哥。他本人、他的小组、设备，以及他所收集的所有资料，都必须转移过去。而且所有的行动都是在绝对保密的情况下进行的。这就是芝加哥神秘之行的由来。

作出这一重要决定的，是刚被委任主持核研究工作的康普顿教授。1941年12月6日，即珍珠港事件的前一天，美国科研与发展总局局长布什宣布了全力推进核研究的决定，并委任哥伦比亚大学德高望重的康普顿教授主持这项研究。

研制原子能反应堆的历史重任，就这样正式落在费米的肩上。在芝加哥，费米和他的同事们将寻找一个更大的“恐龙窝”。

看台底下的成功

kantaidixiadechenggong

芝加哥大学校园里有一个足球场，名叫斯塔格运动场。

费米他们在这个足球场的西看台底下，找到一个已经废弃的室内网球场。球场临着爱丽丝大街的西面，被一座高高的古式灰色石头建筑物封锁着。无论是空间大小还是隐蔽的位置，这儿就是最理想的实验场地了。

场地选定后，校长下令禁止在芝加哥大学校园里踢足球，原因无可奉告。费米他们的研究是在绝对保密中进行的，名义上叫做“冶金实验室”，实际上一个冶金家也没有，全是原子物理学家。

装着原材料的板条箱，一个接一个地在网球场卸下来。兴奋不已的安德森和同伴们开始安装反应堆。每一个参与试验的人，都被一种紧迫感鞭策着，希

望赶在时间的前面。“希特勒会在美国研制出原子武器之前就拥有它吗？”“这些武器来得及帮助赢得这场战争吗？”这些问题随时都在他们的脑海里盘旋。

到1942年初夏时，费米确信成功已经在望了。安装在网球场里的一座小型反应堆的实验表明：材料的纯度、铀在石墨里的分布等，都达到了一座临界反应堆实现链式反应的要求。

可是他们现有的材料不够了！尤其是采购金属铀遇到很大的困难。

一个晴朗的日子，冶金实验室全体成员到印第安纳湖游泳。在沙滩上漫步时，费米向实验室的头儿斯特恩斯教授透露了这个秘密。

“你真的有把握了？”斯特恩斯教授听后异常兴奋。

“是的，但是必须给我足够的石墨和铀！”费米小声说。

费米已经计算出，他们最终的反应堆差一点顶到网球场的天花板上。这不是一般的“恐龙”，而是“恐龙”中的庞然大物！

深秋降临的时候，实验所需的足量的石墨和铀终于全部运到。冶金实验室进入最后的冲刺。津恩负责材料监督和现场施工，安德森给费米当总指挥助理。其他的人都各司其职。

一堵高大的黑色石墨墙迅速地增长起来。整个网球场变成一个黑色的王国。石墨粉末铺满了地板，涂黑了所有的墙壁，工作人员的身上、脸上落满石墨尘埃，一个个都变成了“黑人”。那些执行命令而并不知道铀计划的木工、机械师，还有帮着给反应堆码石墨砖的中学生们，面对这黑色的世界，都觉得有些纳闷。他们做梦也没有想到，自己是在给原子弹准备产床。

反应堆最终没有顶到天花板上。随着不断修改和完善的设计，临界的反应堆为一个直径约为九米的椭球体，球的顶部保留成平台状。铀和石墨一层层间隔开，总共57层，足足用了350吨石墨和52吨铀。站在地板上向上仰望，反应堆十分壮观。

从安放第一块石墨砖到最后完工，仅仅用了六个星期！

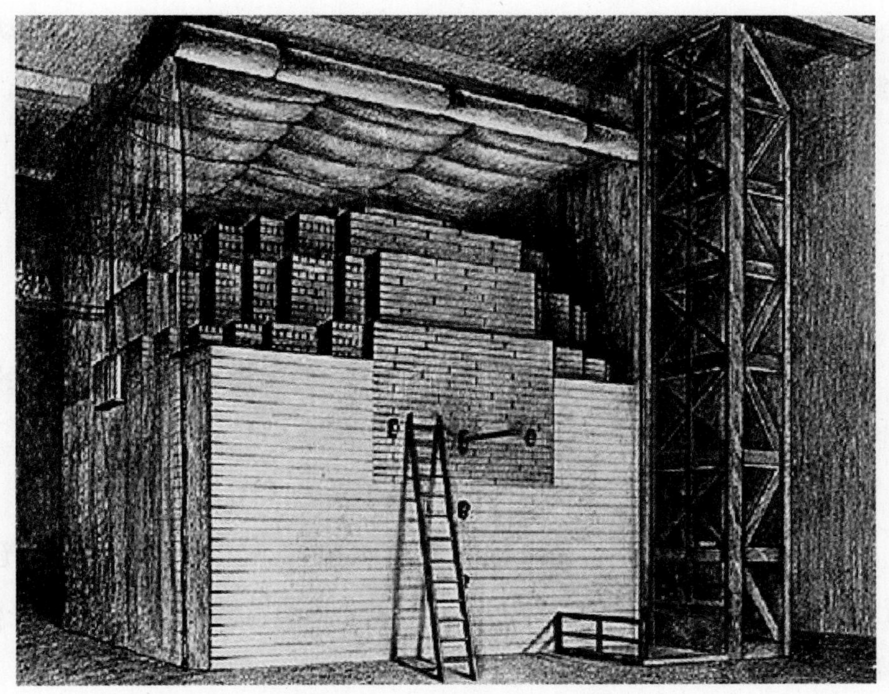

一堵高大的黑色石墨墙迅速地向上增长

1942年12月2日上午，具有历史意义的时刻终于到来了。聚集在网球场上的人，有康普顿教授、杜邦财团未来的董事长格林沃尔特，以及冶金实验室的领导人和科学家们。

全体人员都登上了网球场北端的阳台。只留下三个年轻人蹲在反应堆顶部的平台上，他们是具有牺牲精神的抢险队。万一反应堆失去控制，必须立刻向它灌注液态镉来“扑灭”。镉可以高效地吸收中子。这项任务很危险，所以他们自己谑称是“自杀小组”。还有一个叫韦尔的年轻物理学家待在反应堆下面，守在一根镉棒的旁边，等待着指令。阳台上摆满了控制仪器。

一切准备就绪，全场鸦雀无声，只有费米从容地简介着实验的程序。他的表情严肃，灰蓝色的眼睛里隐隐透着激动。

反应堆现在没有运转，因为里面有吸收中子的镉棒。只要一根棒就足以制止链式反应。实验的第一步，是抽去所有的控制棒，只留下韦尔守着的那一

根——那是一根可以自动控制的镉棒，如果反应强度超过了限度，它会自动回到堆里。

随着费米的指令，实验人员抽去了其他所有的控制棒。

接着是费米平静的声音："实验马上就要开始了。"

大家屏声静息地凝视着操纵台。

"启动！"费米下达命令。

韦尔把他掌握的那根镉棒向外抽出一小截，计数器发出了令人激动的咔嗒声，指示辐射强度的描笔向上升起一点画出一段平线。

"再向外抽出一点！"费米继续下达指令。

计数器咔嗒咔嗒地响得更快了。所有的目光一齐转到描笔上，只见描笔继续上升，然后趋于平缓。费米的脸上露出从容的微笑，这和他预测的完全一样。康普顿教授向他投来会意的一瞥。那位格林沃尔特先生则激动得喘着气。

那天的气温在零度以下。西拉德坐在费米的背后，矮胖的身躯裹在大衣里，镜片后面的眼睛露着若有所思的神情。

为了谨慎起见，实验一小步一小步地进行着。

韦尔每一次把棒向外多抽出一点，计数器的咔嗒声就响得更快，描笔的轨迹也随之更升高一格。网球场的气氛到了白热化的程度。时间已到中午，大家都不觉得肚子饿，几十双眼睛都期待着那描笔的曲线上扬。如果曲线愈来愈高呈指数曲线状，就意味着反应堆成功地进入链式反应。

在这关键的时刻，一向遵守习惯的费米突然宣布："咱们去吃午饭吧！"这句话后来成了原子物理史上的一句名言。

午饭之后，大家回到原位上。这时有的观众已经等不及了。

实验仍然小步地进行着。

下午3点20分，费米指示韦尔："把棒再向外抽出一英尺。"然后他转向阳台上焦急的看客说道，"这下行了，反应堆现在将进入链式反应！"

气氛顿时紧张起来。反应堆顶上的“自杀小组”准备好液态镉，严阵以待。几十条视线紧紧地盯着记录仪。时间一分钟一分钟地数着，记录器的描笔画出逐步上升的迹线。计数器的咔嗒声愈来愈快，过了一会儿，激烈的咔嗒声响成一片，变成了一种轰鸣声。到第 28 分钟时，记录仪的描笔画出一条清晰的指数曲线。

实验成功了！反应堆进入了自持的链式反应。人类第一次实现了受控制地释放巨大的原子能。

康普顿马上挂通了电话，用暗语向负责铀计划的一位官员报告了喜讯。

“那位意大利航海家已经到达新大陆了。”

“哦，太好了！他发现当地的居民怎么样？”话筒里传来兴奋的声音。

当时实验的紧张情景，右侧的反应堆上站着的那几个人是负责倒镉溶液的“自杀小组”。

“个个安然无恙，十分快活。”

在场的威格纳，就是三年前同西拉德一道拜访爱因斯坦的那个匈牙利籍物理学家，这时给费米献上了一瓶意大利红葡萄酒。据说这瓶酒他在整个实验中一直藏在身后。

在场的所有人都喝了酒，用的是纸杯，大家悄然无声。没有祝酒，也没有欢呼，但此时无声胜有声！

每一个人都明白：一个原子能的新时代已经诞生了。

原子时代的出生证

yuanzishidaidechushengzheng

当天晚上，在费米家里举行了一个同仁们的聚会，庆祝第一座原子反应堆成功地运转。劳拉因为不知道内情，被弄得不知所措。

夜幕降临不久，"冶金实验室"的科学家都带着他们的夫人陆续来到了费米家。身材高大的津恩和他的妻子进门时，津恩抖掉肩膀上的雪花，伸出手对费米说：

"祝贺你。"

"祝贺？"站在费米身后的劳拉感到奇怪问道，"为了什么呀？"

可是没有人回答她，大家只报以会心的一笑。

费米把客人让到客厅。

津恩和他的妻子正脱下脚上的雪靴，这时门铃又响了。威格纳夫妇走了进来，带着一股寒冬的冷气。

"祝贺你！"威格纳一面向费米伸出手，一面跺着冻僵了的脚。

"谢谢！"费米压低声音说。

劳拉环顾着丈夫和威格纳的脸，越发纳闷了。

客人们不断地到来，每个人都向费米表示祝贺之意。直到所有的客人都到齐了。面对这些祝贺，费米一点都不谦让，仿佛是在和大家共同分享一坛陈年美酒。他也不多说什么，脸上一直挂着微笑。

劳拉被弄糊涂了。作为这次家宴的女主人，她应该清楚宴会的名目。究竟

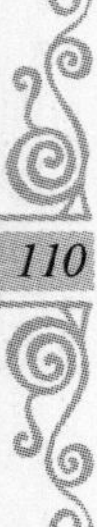

有什么喜事值得祝贺？可是她得到的答复，都是含糊其辞的话：

“去问你的丈夫好啦。”

“没有什么特别的事，他是个能干的头儿。就这些！”

“别激动，你总会晓得的。”

劳拉干脆不再问了，她一头钻进厨房，专心制作晚宴需要的三明治，还有果汁混合酒。两个孩子小劳拉和朱里奥趁机遛到三楼的阳台上，同邻居的小姑娘玩起泥雪球来。手忙脚乱的劳拉临时发觉家里没有烟了，她叫费米去小铺买几包回来。

在芝加哥大学为第一座核反应堆作出贡献的专家们，前排左一为费米。

费米却说：“你知道我不会买烟。”因为他从来不抽烟。

“可是我们要招待客人啊。”劳拉急了。

“我们这次就开个先例吧。再说来客们烟抽得越少越好。”费米笑笑说。

晚宴之后，客人们兴致很高地一面品着味道很浓的咖啡，一面聊着天。劳拉这时才有点空闲。男人们的谈话凡是涉及专业都一带而过，劳拉仍然听不出这次“祝贺”的原因。向这些“冶金学家”的妻子们打听也无济于事，因为她们和她一样被蒙在鼓里。

在所有的女宾中，有一位名叫利安娜的年轻姑娘，是实验小组的成员。劳拉想她一定知道内情，于是私下里问她：

“利安娜，行行好吧，告诉我恩里科究竟做了什么事，会得到这样的祝贺。”

利安娜低下头，在她的耳畔悄悄说：“他打沉了一艘日本旗舰。”

“你是在跟我开玩笑。”劳拉反驳说。

这时安德森正好走过来，听见了她们的对话。

“难道你认为对恩里科来说，有什么不可能的事吗？”他那张年轻的面孔显

出一脸的虔诚。

“恩里科真的打沉了一艘日本旗舰？”一刹那，劳拉真的有点信了。因为安德森是费米的得力助手，利安娜又是圈子里的人。但要从芝加哥打沉太平洋里的一艘军舰……莫非他们用的是强力放射性？

那天晚上再也没有谈旗舰的事，但是这个疑团后来一直在劳拉的心头萦绕着。

“恩里科，你真的打沉了一艘日本旗舰吗？”劳拉问丈夫。

“我打沉了一艘日本旗舰吗？”费米不置可否。

“这么说你没有打沉了！”

“我没有打沉吗？”费米狡黠地笑笑。

直到两年后原子能的秘密公开后，劳拉才知道那天晚上费米受到大家祝贺的真正原因。一天，费米给她带回来一份油印的《史密斯报告》，报告中详细地叙述了1942年12月2日实验成功的情况。劳拉读完报告，为自己的丈夫和他的同事们深深感到自豪。

为了纪念人类首次成功实现受控核反应的日子，后来在芝加哥大学足球场的旧址上，立起了一块镂花金属匾，上面刻着几行醒目的字：

1942年12月2日

人类在此实现了第一次自持链式反应

从而开始了受控的核能释放

这是一张原子时代的出生证。

核反应成功纪念匾

KEXUE JUREN DE GUSHI

蘑菇云之梦

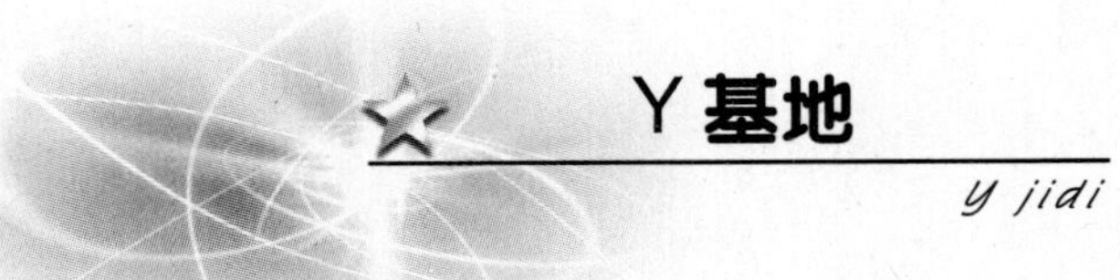

Y基地

Y jidi

1944 年夏天，劳拉带着两个孩子登上了从芝加哥开往新墨西哥州的列车。

他们将在一个叫兰美的小站下车，然后有一个神秘的人来接他们去目的地。那个地方在地图上根本找不到，是美国最保密的地方。核物理学家们都叫它“Y 基地”。

自持式链式反应的成功，表明原子弹进入实际制造阶段。从 1942 年冬天开始，整个铀计划由美国陆军部接管。在陆军工程兵部里专设了一个特区，来完成这项工作。它的名字就叫“曼哈顿工程区”。主持整个工程的领导人，是体格魁梧的格罗夫斯准将。

原子弹的设计和制造的研制，是整个曼哈顿工程中最机密的部分，需要选择一个绝密的地点，最好是与世隔绝的地方进行。

格罗夫斯将军在奥本海默教授的协助下，在新墨西哥州的洛斯阿拉莫斯峡谷找到一片人烟罕至的台地。那里只有一个很小的牧场子弟学校，坐落在高出河谷的平地上，四周环境僻静，又有一条山路通向国道。这里曾经有印第安人部落居住，再远处是沙漠。格罗夫斯将军对这个地方很满意，当即拍板买下学校，把这里选作秘密研制原子弹的地点。奥本海默教授负责主持未来的实验室，他是玻恩的研究生，为人谦逊而干练，大家都亲昵地叫他“奥比”。

Y 基地，很快以军事化的速度建立起来。

在红黄相间的荒地上，建起一座座式样统一的木楼。这些楼房全都涂成军绿色，衬托着暗绿色的山冈背景，很不显眼。在峡谷的一块狭长的台地上，建起了只允许科学家们进出的实验室。负责Y基地施工的是陆军工程部特遣队，建设的速度很快。不久，一座神秘的城市就出现在两千米高的峡谷地上。

正如《史密斯报告》中所透露的，“1944年底，发现一座科学界群星灿烂的特殊星系，聚集在新墨西哥州的这块台地上”，一大批一流的科学家从美国各地集中到了这里，英国也派出一批原子物理学家来这里参加研究，他们都从世界上消失了。美国地图上找不到这个城市的名字，它也不属于新墨西哥州，它根本就不存在。对于生活在这里的人，它叫洛斯阿拉莫斯，对极少数知道它存在的外人是Y基地，有通信联系的亲友只知道有个1663信箱。

如今，劳拉带着两个孩子要到这个神秘的地点去，她心中总有点不踏实。可是女儿和儿子却兴奋不已，早就吵着要去Y基地了。本来说好她们和费米一块儿搬迁的，但费米临时接受了一项绝密使命，去华盛顿州的汉福德帮助杜邦公司建造的一个反应堆运转。那个反应堆将用来生产制造原子弹所需要的钚239。铀计划还包括另外一个橡树岭反应堆，主要用来生产铀235。

好在康普顿教授恰好也搭这趟列车去兰美，劳拉才放下心来。在列车上，她还遇到另一位熟识的科学家，也是去Y基地的。不过，在公开场合物理学家们都只能用化名，劳拉一时不知道该怎么称呼他们。包括费米在内也是这样，费米外出时被叫做尤金·法默先生。康普顿更特殊，有两个化名：科马斯和康斯托，分别用于东部和西部。据说，有一次他在飞往加州的途中正打着盹儿，一位空姐叫醒他，问他的姓名。康普顿首先反问道：“我们现在是在东部还是西部？”

列车终于到达兰美，一个年轻的士兵前来接费米夫人和孩子。

“请问您是法默夫人吗？”士兵问道。

“是的，我是费米夫人。”劳拉说。

“对不起。”那个士兵彬彬有礼地纠正道，“我奉命称呼您为法默夫人。”接着用吉普车把他们拉到60英里外的洛斯阿拉莫斯，就是那个神秘的Y基地。

三个星期后，费米即“尤金·法默先生”也来到Y基地。费米受命担任实验

室副主任，同时兼“F 部”的领导人——F 在这里代表费米。这是一个理论研究和实验兼顾的部门，并负责综合协调。费米属于需要特殊保护的科学家之列。格罗夫斯将军严格规定，为了安全起见，费米不能在晚上一个人单独出去散步，也不能在没有护卫的情况下开车到峡谷地带的实验室去。

芝加哥大学西看台下的原子反应堆，已经搬到这个实验室来。原子弹研制的主要工作，就将在这里进行。

军方专门给费米配了一个名叫鲍迪诺的警卫员，形影不离地跟在他的左右。一向天马行空、独来独往惯了的费米，很快适应了这种绝密工程的保安需要。鲍迪诺是个彪形大汉，性情温和而机敏，跟在费米身后，显得威风凛凛。他和费米相处得很融洽，劳拉和两个孩子也很喜欢他。

费米一家被分派在 T-186 楼 D 单元居住。这是一套三居室的单元房，房间不大，但设计得舒适实用。透过起居室的窗口，可以望见绿色的山冈静静地卧在天边。房间里几乎所有的生活必需品都是军用品，诸如帆布行军床、毛毯、床单，甚至灯泡，一律印着“军用”或“美国工程兵部队”的字样。

就这样，和其他众多的科学家伉俪一样，费米夫妇在这里开始了一段不寻常的紧张而单调的供给制生活。

为了赶在德国法西斯之前造出原子弹，一批不同国籍的科学精英们，在这荒漠之中无声地奉献着自己的智慧和生命。

与“魔鬼”打交道的人

yumoguidajiaodaoderen

在 Y 基地，费米夫妇意外地遇到很多搞物理的老熟人。有的早在罗马大学就认识，后来各自在专业上都颇有作为，没想到最后殊途同归，为了一个目标又走到一起来了。

劳拉搬来 T-186 楼 D 单元的当天，刚刚打开行李，就听到有敲门声。她打开门，发现一对夫妇非常友好地站在门口。女的个子高大，面带微笑，男的一副斯文的书生相。

“你不记得我们啦？我们是皮埃尔斯啊。1933 年我们在罗马见过面的。”

劳拉想起来了，罗马学派刚成立时，有一个叫皮埃尔斯的德籍研究生来学习过一段时间。他来自英国，费米对他的印象不错。

皮埃尔斯学成后回到英国搞研究，这次是作为英国科学家代表团成员来 Y 基地的，就住在这栋楼的楼下。他们都庆幸命运会作出这么巧的安排。皮埃尔斯夫妇邀请劳拉到峡谷去野餐，两家的孩子当天下午就成了好朋友。

除了皮埃尔斯，另一个当过费米学生的学者贝特也在 Y 基地。当时他来自德国，是罗马大学物理系的第一个外国学生。一头栗色浓发下，透着两只灵活的小眼睛。在罗马大学毕业后，贝特对德国日益疯狂的纳粹势力不满，后来到了美国，在康奈尔大学任教。他于 1943 年来到 Y 基地，担任理论物理学部的领导。这个部门在原子弹的研制中作出了很大贡献。

还有一个名叫泰勒的匈牙利籍物理学家，当初也在罗马大学物理系短期访问过，后来到了美国，在华盛顿大学任教。费米定居美国后，他们见过几次面，他比费米小三岁，两人在学术上谈得非常投机。泰勒喜欢音乐，钢琴弹得极好。他是第一批跟随奥比到 Y 基地来的科学家。费米一家来这里时，泰勒已是基地里的重要人物了。

费米很赏识泰勒，曾对劳拉说：“那个年轻人很有想象力，擅长发明，如果他能充分发挥，必定前途无量。”费米和他曾经讨论过热核反应的可能性。实际上，当时两人已经预见了比原子弹威力更大的氢弹。

费米还有一个忠实而得力的助手，就是安德森。劳拉称他是“恩里科形影不离的合作者”。在安德森文静的外表下，蕴藏着火山般的活力。他不仅思路敏捷，点子多，而且是一个实干家、工作狂。芝加哥大学西看台下链式反应的实验

成功,有他的一份功劳。

最让费米夫妇惊喜的是,在Y基地他们遇到了"蛇怪"塞格雷。两个老朋友在这个地方意外重逢,有说不出的高兴。塞格雷是1943年来到基地的。他已不再是当年那个瘦小而急躁的黑发青年,如今是两个孩子的父亲,待人变得亲切热情。不过几个核心朋友仍然叫他"蛇怪"。他称呼费米也是从来都叫"教皇"。

塞格雷是1938年夏天离开意大利到美国的,他受聘于加利福尼亚大学,担任物理学教授,并且投入了原子物理的研究。

1940年圣诞节期间,塞格雷专程到纽约郊外的住所探访过费米夫妇。那时加利福尼亚大学的核研究已有相当进展,那所大学有一座很大的回旋加速器。费米和他沿着哈得孙河散步,进行了一次长谈。话题除了各自家中的新闻、老朋友的近况,以及对战争的评价外,还谈到了核物理研究的进程。他们在河边的树荫下坐下来。

"不少物理学家认为,根据理论分析,在铀反应的生成物中有可能发现第94号元素。"塞格雷说。

"这完全有可能!"费米向河心扔了一块石头,水波向四周荡漾,他沉吟道,"而且它很可能像铀的同位素一样,也容易产生裂变。"

"对,你说得太对了。我也这样想。"塞格雷很兴奋。

"尼克大叔"(玻尔)在吉美兹山冈滑雪

"那还等什么?"费米瞅着他说,"临渊羡鱼不如退而结网,你们那台强大的回旋加速器,正好可以派上用场。"

"蛇怪"激动得满脸通红,半晌没说出话来。回到加利福尼亚大学后不久,他领导的小组就发现了钚239——这正好是第94号元素的同位素。钚后来成了制造原子弹的重要核材料。

想不到几年之后，他们又在这里并肩战斗了。

在Y基地，还有一位极受人尊敬的“尼古拉斯·贝克先生”，过去认识他的人都称他为“尼克大叔”，他就是举世闻名的玻尔教授。因为保密的缘故，在基地很少有人知道他的真实姓名。

玻尔曾经担心的事在他访美的第二年就应验了。德国于1940年占领了丹麦，他的祖国沦陷了。不久，一位丹麦警方的朋友告诉玻尔，纳粹正在四处找他。玻尔冒着危险搭上一只小船，从丹麦横渡海峡逃到瑞典，再经伦敦辗转来到美国。为了避免不测，他的诺贝尔金质奖章被迫留在哥本哈根，偷偷地溶化在一瓶王水里。

这位一生热爱和平的大师，在Y基地加入了研制原子武器的大军。他的儿子奥格·玻尔也在基地工作。奥格后来同其父亲一样，也获得了诺贝尔物理学奖。

玻尔这时已经60岁了，但身体非常结实。费米和塞格雷常陪他去附近的吉美兹山冈滑雪。老人驾驭滑雪板的技术，胜过年轻小伙子，令大家惊叹不已。

试制原子弹的铀计划是一个庞大的系统工程。Y基地整个是一个大家庭，一个科研群体。全世界科学界的精英都聚集到这里了，他们来自美国，也来自几乎整个欧洲。他们当中有物理学家、生物学家、化学家、材料学家和工程专家。从某种意义上说，是疯狂的希特勒把全世界最杰出的科学家驱赶到这里的。

但是铀计划也是一桩非常危险的工作。长期同放射性物质接触，对身体必然会有严重的影响。费米后来只活了53岁，就是长期搞原子能研究的后果。

安德森在芝加哥大学做实验时，因为不慎吸入了燃烧的铍烟，后来发了病。医生诊断是铍中毒。在Y基地实验室，还发生过两次反应堆突然超过临界值的意外，有十个实验人员遭受严重的辐射，其中两人先后死亡。

为了早日实现铀计划，这些科学家以一种前所未有的献身精神工作着。可以毫不夸张地说，他们是一群同“魔鬼”打交道的人。

他们同时间在赛跑。1945 年 7 月，Y 基地迎来难忘的时刻。科学家们经过一年多的努力，终于制服了“核魔”。

第一颗原子弹的引爆

diyikeyuanzidandeyinbao

制造原子弹的核裂变材料，是经过高度提纯的浓缩铀 235 或钚 239。从理论上讲，高纯度的裂变物质无论遇到多大能量的中子，都可以产生核裂变的链式反应。与实验用的反应堆相比，由于既不需要慢化剂，也不需要冷却剂，所以只需很小的体积就可以达到临界值。

根据计算，纯度接近 100%的浓缩铀 235 或钚 239，直径为 30 厘米左右，即体积比篮球稍大一点就可以达到临界值。

将大于临界质量的核裂变物质分割成几块，互相隔开；然后利用普通炸药的爆炸力，使各个小块裂变物质在瞬间合拢，在一个坚固狭小的铁壳中发生强力的核裂变链式反应，从而产生剧烈的核爆炸。这就是原子弹的原理。

Y 基地的科学家们设计了两种原子弹，一种用铀 235 做裂变材料，名叫“小男孩”；另一种用钚 239 做裂变材料，因为外形圆滚滚的，取名为“胖子”。它们的外形像一个球，球内的裂变材料如硬果壳状，朝向中心的一面开有裂缝。原子弹引爆时，利用外层高能炸药的爆炸力，可以使密度很大的临界质量瞬间地结合在一起。弹体坚固的球壳内壁是一种特殊的反射器，能把大量的中子反射回裂变物质中，这样就可以减小爆炸所需的临界体积。

第一颗原子弹引爆实验定于 1945 年 7 月 16 日进行。

这次具有历史性的实验以及实验场地代号为“三位一体”，这是奥本海默教授取的名字。格罗夫斯将军很欣赏这个名字，因为美国西部很多山川河流都用它命名，不会引人注意。不过，奥本海默取这个名字却另有深意，它出自著名诗人约翰·多思的诗句。诗中写道：

正像东方和西方
在平面地图上相依相存，
正像整个人生密不可分，
复活要从死亡中获得生机。
……
撞击我的心，三位一体的上帝，除非你
敲击我，拯救我，给予我以灵魂的呼吸，
打倒我，慑服我，我将升起，我将站立，
你的力量使我毁灭，燃烧，我又重获生机。

诗句充满了宗教激情和辩证的哲理。奥本海默和玻尔都认为，原子弹一方面是导致死亡的武器，另一方面又可以结束战争，拯救人类。他们祈望毁灭之中孕育着新生。

从7月15日开始，所有的实验人员都集中到“三位一体”去了。实验场地选在新墨西哥州南部一片名叫霍尔纳多的荒漠，这里从西班牙统治时期起就被称为“死亡地带”，由于干旱缺水，地上只长着仙人掌和矮藤树，蝎子和蜈蚣四处可见。通过这里，是一条名副其实的“死亡之路”。

控制中心设在距爆炸点南面6英里的地堡里，再往南5英里处是大本营。爆炸点西北20英里处有座名叫孔帕尼亚的小山，作为重要人物的观测地。应邀专程来观看这次实验的有许多要人。

格罗夫斯将军亲临现场做总指挥，他尤其关心气象预报，这将决定爆炸实验第二天能否预期进行。而事实上实验时间是不可更改的，因为正在参加波茨坦会议的美国总统在等待着实验结果。

奥本海默守在控制中心的地堡里观察爆炸实验，费米和塞格雷在大本营里，泰勒在孔帕尼亚山上观测。其他所有的实验人员各就各位，严阵以待。

当天夜里，天空阴云密布，看不见一颗星星。

7月16日凌晨两点，霍尔纳多谷地突然下起暴雨，一时间电闪雷鸣，也许是苍天给这次人类“死亡试验”的一个警告。大本营和控制所的人员都惊骇不已，唯恐发射架上的原子弹会意外爆炸。

1945年7月16日世界上第一颗原子弹爆炸的情形

幸好留在爆炸点监测气象的气象专家哈伯德报告，那里只下着蒙蒙细雨。根据他的预测，黎明时分天气将会转晴。格罗夫斯将军当机立断，决定实验在5点30分开始。他随即拿起电话，把新墨西哥州的州长从床上叫醒，告诉对方本人可能随时要发布戒严令。

快到凌晨4点时，暴风雨过去了。黑暗的天空中云层裂开一条缝隙，露出几点星星。格罗夫斯将军和奥本海默稍微松了一口气。

5点10分差15秒时，在水泥结构的地下控制所里，操作员根据指令启动了20分钟倒数计时器。这时，格罗夫斯将军乘上军用吉普返回大本营。全体实验人员进入一级战备状态。

时针指到5点25分，一枚绿色的信号火箭腾空而起，大本营里响起短促的警笛声。4分钟后，空中升起显示最后一分钟的信号火箭。5点29分59秒、58秒、57秒……扬声器里转播着倒数计时的声音。

时间一秒一秒地缩短，控制所里的人都屏住了呼吸，精神高度紧张。有人听见奥本海默呢呢地说：“上帝啊，这太折磨人的神经了。”

5点29分45秒,点火电路自动闭合。

就在那一瞬间,原子弹爆炸了!

刹那间,整个荒原被一种强度比正午的太阳还要强许多倍的闪光照得通亮,那无法形容的华美光焰照亮了每一座山峰、每一条裂缝以及附近山脉的每一道山脊,简直令人难以置信。

紧接着,一颗巨大火球滚动着升向天空,越滚越大,它开始呈现出璀璨的黄色,继而转成深红色、绿色和蓝色,看上去十分可怕。从火焰的中心突然窜起一股火舌,在它的顶端迅速扩展成紫蓝色的蘑菇状烟云,那壮观的景象令人瞠目结舌……

爆炸后约30秒,先是冲来了气浪,猛烈地冲击着人和物,同时传来令人心颤的巨响,在山岩上滚动、跳跃,在霍尔纳多谷地里回荡,仿佛永远不会停止。那声响不同于一般的雷鸣,消失时也使人感到惶恐不安,似乎预示着世界的末日来临……

奥本海默激动地说了一句:"成功啦!"

他在后来的回忆录中描写了当时的复杂心情:

> 我们等到激震波过去后,就走出了掩体。气氛十分严肃。我们知道。世界不再是过去的世界。少数几个人在欢呼雀跃,少数几个人在哭泣,而大多数人却沉默不语。

同费米在一起的塞格雷却勾勒出一幅恐怖的图景:

> 我最突出的印象是那道极亮的闪光。我被惊呆了。我们尽管戴着墨镜,看到的天空仍是一片通明,令人难以置信……一时间,我以为爆炸点燃了大气,地球将要毁灭。

在大本营的另一位科学家写道：

自然，我们对实验结果感到万分欣喜。我们注视着庞大的火球在前方燃烧、滚动，迅速转化成烟雾……然后，随风吹散。最初的几分钟里，我们互相祝贺。不久后，一股寒意便涌上心头。这不是早晨的寒冷，而是随着人们开始思索而产生的一丝凄凉和惆怅。

可怕的蘑菇云

kepademoguyun

在冲击波到来时，费米在相距爆炸点 11 英里的大本营，用碎纸片测量爆炸的当量。费米一向喜欢用最简便的测试方法。他撒下小纸片，根据它们被气浪卷走的距离，推测出核爆炸的威力最小为 10000 吨 TNT 炸药。由于他全神贯注地在做小纸片实验，竟然没有听到原子弹爆炸的巨响。

爆炸之后，费米和安德森穿上白色防护服，登上两辆谢尔曼式坦克，驶向爆炸实验现场附近勘察。

原子弹爆炸时在沙漠中掘出了一个巨型的大坑，陷下去的区域半径足有 400 米。通过坦克潜望镜可以看到，巨大的发射架、重型绞车，以及搭起的木台、小屋、长达 100 英尺的钢梁，全部被炸得无影无踪，只剩下发射架基脚的残骸歪歪扭扭地散落在地面。原来的柏油路面已经和融化了的沙子凝固在一起，碧绿透明，像镶嵌在地上的翡翠。

安德森用固定在坦克机械臂上的杯子舀了一些碎片，带回去用放射性化学方法化验，测定出这次核爆炸当量，相当于 18600 吨 TNT 炸药。这几乎是他们事先在 Y 基地估计的当量的四倍。

原子弹的威力太可怕了！

当天晚上，费米从“三位一体”返回洛斯阿拉莫斯的路上，一直心神不宁。他有生以来第一次感到自己开车不安全，他仿佛觉得车子像是跳过一个又一个急转弯，尽管费米一向不喜欢叫别人开车，这时也不得不请一位朋友帮忙。

一辆辆大轿车从“三位一体”开回基地时，一位在基地留守的物理学家目睹了那些凯旋者，他说：“可以立刻从他们的表情看出，他们经历了一场奇特的考验，我发现，对他们的未来观而言，发生的一切将产生严肃而深刻的影响。”

当天晚上，正在波茨坦焦急等候的美国陆军部长史汀生，收到了来自华盛顿的电讯。电文报告“三位一体”实验成功：

> 今天上午进行了手术。诊断还未完全结束，但结果似乎令人满意，并已超出人们预料。

原子弹试验成功的消息，促使美国作出决定：如果日本不答应无条件投降，就给予毁灭性的打击。

就在“三位一体”实验进行的前后，在旧金山湾的猎人角停泊着一艘名叫“印第安那普利斯”号的巡洋舰。拂晓之前，一台起重机将装着“小男孩”弹体的板条箱吊上甲板；与此同时，两名水兵小心翼翼地将一个铅桶抬上军舰，铅桶里面装着“小男孩”的核弹头。这颗铀弹长约 3 米，宽约 0.6 米，重 4.5 吨，顶部呈扁圆状。

当地黎明时分，即在霍尔纳多荒漠升起那令人敬畏的蘑菇云之后四小时，这艘军舰起锚从金门大桥下穿过，带着特殊使命驶向太平洋提尼安岛的美国 B-29 空军基地。

一周以后，在 Y 基地的冶金学家们为“胖子”填充好了钚239，紧接着也运到提尼安岛的空军基地。这颗钚弹比“小男孩”稍大，长约 3.3 米，宽 1.5 米，重 5 吨。

死神即将降临。

1945年8月6日凌晨，一架名叫“恩诺娜·盖伊”的美国B-29轰炸机，从提尼安岛空军基地悄然起飞。机内携带着一枚组装完毕的“小男孩”，看上去像“一只被加长了并带‘鳍’的垃圾桶”。机组的主驾驶为蒂贝茨上校，副驾驶为路易斯，投弹员为费雷比。

5点52分，飞机越过硫磺岛上空。广岛时间7点40分飞越日本四国岛。此时飞机由24岁的费雷比操纵。8点15分，广岛清晰地出现在视野下面，飞机高度9600米。

“无线电警告终止！”蒂贝茨发出命令，“原子弹投放！”

费雷比松开瞄准器，定时器自动启动。“小男孩”弹头朝下地坠落下去。B-29旋即掉头返航。片刻之间，一片白光照亮了机舱，飞机感到一股强大的冲击波力量。机上人员描述了他们目睹的那可怕一幕：

> 我们掉过头去望着广岛。整个城市被可怕的烟云所笼罩……烟云向上翻滚，逐渐形成可怕的蘑菇状，直冲云霄，令人毛骨悚然。
>
> ……蘑菇云甚为壮观，紫灰色的烟雾翻滚扩散，可以看到其中有个通红的内核，里面烈焰腾腾。当我们飞远一些时，可以看见蘑菇云的底部，再往下是一层几百英尺厚的瓦砾堆和烟尘。
>
> 我相信没有人期望观看类似的景象。两分钟前我们还清楚地看到一座城市，但现在再也看不到了。能看见的只是烟雾，是顺山坡往上蔓延的烈火。

可怕的蘑菇云！可怕的噩梦！

根据资料记录，“小男孩”在广岛时间8点16分2秒爆炸。爆炸力相当于12500吨TNT炸药。原子弹爆炸瞬间，爆心温度升至摄氏数百万度，压力高达数十万大气压，火球形成时发出强烈的光辐射和核辐射。在一刹那间，广岛整座城市化作一片焦土，20多万无辜的日本平民被夺去生命。

1945年8月9日在广岛上空爆炸的原子弹

这场悲剧发生时，爱因斯坦正在美国萨兰那克湖畔的一座别墅里度假。惨讯传来，这位科学泰斗只喊了一声“唉—咳”。

那是发自肺腑深处的一声痛苦和绝望的呼叫。

噩梦还在继续着。8月9日凌晨，另一架B-29轰炸机载着一枚“胖子”从提尼安岛空军基地起飞。

上午11点02分，飞机在日本长崎上空投下第二颗原子弹。原子弹在位于斜坡上的长崎市上空约500米高处爆炸，爆炸当量相当于22000吨TNT炸药。片刻之间，长崎变成一座死城，死亡人数达14万之多。

8月14日，日本天皇裕仁宣布无条件投降。

世界的良知

shijiedeliangzhi

广岛、长崎的悲剧震惊了全世界。费米和其他许多从事原子弹研制的科学家，也许事先并未完全料到这个灾难性的后果。

原子弹在广岛爆炸的次日上午，劳拉正在厨房里做饭，忽然听见皮埃尔斯

费米和同事们在洛斯阿拉莫斯基地的合影(后排左二为费米、左一为塞格雷,前排右一为塞格雷夫人。)

的妻子奔上楼来。

"我们那个东西投在日本了。"她一面敲着门一面喊道,"我刚刚听到广播,广岛被摧毁了!"

"我们那个东西"!甚至到这时,那些冶金家的妻子们都还没有完全意识到,在洛斯阿拉莫斯正在制造原子弹呢。

劳拉慌忙把皮埃尔斯太太迎进屋,她们打开收音机。

从喇叭里传出播音员的声音:"……我们重复一下总统的话……这第一颗原子弹……相当于两万吨TNT炸药……"

劳拉和皮埃尔斯太太激动得说不出话来。神秘的Y基地这时才真相大白。她们恍然大悟:自己的丈夫原来是在研制决定战争命运的武器啊!

起初,洛斯阿拉莫斯洋溢着一片狂欢的气氛,孩子们敲着锅盆、勺子游行庆祝,女人们都为自己的丈夫感到骄傲。可是没过多久,人们就听到了谴责原子弹的声音:"惨绝人寰的大悲剧"、"广岛罪行"、"历史上最大的一次屠杀"……几十万人惨死在蘑菇云下的残酷事实,使那些妻子们冷静下来。她们感到困惑不解,这究竟是为什么?

矛盾和不安的心情,也开始在那些"冶金学家"身上蔓延。

在与世隔绝的洛斯阿拉莫斯Y基地,他们实际上是在一种孤立状态中工作的。他们一心想着,一旦研制出这种秘密武器,世界大战就可以早日结束。为了抢在德国法西斯前面造出原子弹,这些"冶金学家"们竭尽了全力。他们相信自己是为了崇高的目的,为了世界和平贡献力量的。但事实表明,他们过于天真了。他们研制出核武器，但如何使用核武器他们却没有权利。说到底，这批科学家只是美国政府和军方的一批高级雇员，虽然他们都是出于自愿的。

他们的发明等于放出一个恶魔。当这个恶魔在广岛、长崎毁灭了几十万人的生命时，他们才感到震惊不已！

第一颗原子弹造出来时，德国法西斯已经投降，希特勒在柏林的一处地下室里自杀了。日本虽然仍在负隅顽抗，但失败已成定局。历史提出了一个永远的疑问：当时在广岛和长崎投原子弹真有必要吗？

西拉德是第一个反对使用原子弹的科学家。五年前，正是这位匈牙利物理学家说服爱因斯坦，向罗斯福总统提出了核威胁的警告，最后促使了“曼哈顿计划”的出世。德国在失败前没能造出原子弹，美国却造出来了。

西拉德是一个非常有远见的学者。在芝加哥西看台费米第一次实现了链式反应时，他就预感到这一成功中包含着某种隐忧。当时大家喝完贺喜的红葡萄酒后，都在酒瓶的硬纸壳上签名留念。西拉德是唯一一个没有签名的人。最后现场只剩下他和费米两人，他同费米握了握手说：“我认为今天将会被当做人类历史上一个黑暗的日子载入史册。”

当原子弹的轮廓越来越清晰可见时，西拉德的忧虑变得更加现实了。他在“曼哈顿计划”的科学家中积极游说，反对首先使用原子弹。不少研制者赞成他的观点，也有人主张“可以对敌人的军事目标进行一次预演”。

1945 年 3 月，西拉德写了一份详尽的《备忘录》，阐明应该对原子弹实行国际管制，并组织研究原子能的和平利用。《备忘录》准备交给美国总统罗斯福，不幸的是，罗斯福尚未看到《备忘录》就于 5 月 28 日去世了。

7 月间，在西拉德的发起下，有 64 名与铀计划有关的科学家联名给新任总统杜鲁门写信请愿，要求不把原子弹用于作战。泰勒与奥本海默经过商量后，未在请愿书上签名，并致函西拉德说：“事情已经到了无法挽救的地步。”

杜鲁门任命了一个最有资格推荐战时及战后原子能政策的“临时委员

会”，这个委员会由军内外的重要人物组成，由包括四位科学家的专家小组作顾问：康普顿、劳伦斯、奥本海默和费米。在陆军部长史汀生的直接参与下，“临时委员会”最后得出了结论，原子弹载上了 B-29 轰炸机。

广岛灾难过去整整 50 年后，当年负责投弹的费雷比对那团可怕的蘑菇云仍然记忆犹新。他对《星报》的记者百感交集地说：“我对有那么多人因这颗炸弹而死深感难过……我们应当回顾过去，记住原子弹干了什么，不应再让这样的悲剧重演！”

广岛、长崎的悲剧，使许多参与铀计划的科学家感到良心不安。他们的心态非常复杂，也有人觉得根本就不应该制造原子弹。

劳拉曾经问过费米对研制原子弹的看法，费米的态度相当冷静。

他认为：“大自然为人类准备了什么，不管那可能是多么使人不愉快，人们都一定得接受：因为无知绝不会比有知更好。”

此外，如果他们不曾制造原子弹，如果他们把掌握的全部数据都毁掉，在不远的将来总会有人把它制造出来的。就在他们在洛斯阿拉莫斯潜心研究的同时，德国和日本都在秘密地研制原子弹。幸运的是，德国的全部铀矿石在一次战役中被美军截获；而日本最大的核研究所，在 1945 年春的一次空袭中被炸成灰烬。

事实上，原子弹的秘密是封锁不住的。战后，1949 年 9 月 22 日苏联爆炸了第一颗原子弹，爆炸威力是广岛那颗“小男孩”的六倍。1952 年 10 月 3 日，英国爆炸了一颗自制的原子弹，成为世界上第三个核国家。1960 年 2 月 13 日，法国在撒哈拉爆炸了一颗钚弹。1964 年 10 月 16 日，中国宣告原子弹爆炸成功，从而成为第五个核国家。

关键不在于武器的发明，而在于谁掌握发明的武器。原子能不应该毁灭人类，而应该造福于人类。我国一再郑重宣布，中国绝不首先使用核武器，就是这个道理。

KEXUE JUREN DE GUSHI

后继有人

重返芝加哥

chongfanzhijiage

为了表彰费米在战时参加“铀计划”卓有成效的工作，1946 年 3 月美国国会授予他国会勋章。同时授勋的，还有四位科学家。

授勋仪式在芝加哥大学举行，由“曼哈顿计划”的总负责人格罗夫斯少将主持。

费米的勋章证书上写道：

恩里科·费米博士在履行对陆军部的杰出贡献中，在完成与一切时代最强大的军事武器原子弹的发展有关的伟大职责和科学功业中，作出了非凡的勋绩。作为先驱者，他是全世界第一个实现了链式反应的人；作为陆军后勤部曼哈顿工程区洛斯阿拉莫斯实验室副主任，他的带根本性的实验工作和顾问性的服务具有巨大的职责和科学特征。作为一位伟大的实验物理学家，费米博士的健全的科学判断力、他的首创性和丰富的才能以及他不屈不挠的忠于职守的精神，对原子弹计划的成功作出了极其重要的贡献。

应该说，对费米的这个评价是恰如其分的。

同时授勋的四位科学家为尤里、艾利森、史密斯和斯通。尤里就是曾经指导费米夫妇剿灭蟹草的那位化学博士。

令人奇怪的是，康普顿和奥本海默不在这次授勋之列。也许因为他们不在芝加哥，另有嘉奖。他们两人对组织和研制原子弹的贡献也是十分卓著的。

尤其是奥本海默，是一位非常优秀而又复杂的人物。他是一位科学家、一个感情细腻的诗人，又是一位杰出的组织者。他是赞成美国使用原子弹的。但是广岛、长崎的惨讯传来以后，他从内心深处感到一种内疚，曾多次表露出懊悔之情。

格罗夫斯将军向费米等科学家授勋

洛斯阿拉莫斯的研制任务完成后，奥本海默于 1945 年 10 月离开 Y 基地，回到哈佛大学，继续他从前的教学和基础研究。两年后，他应聘为普林斯顿高等学术研究所所长。

费米也确信自己已完成使命，准备告别洛斯阿拉莫斯。他感到国家需要新一代的科学家，比需要新的武器更为重要。四年的战火使大批年轻人离开了大学，人才培养出现了断层，现在正是需要补充这个空白的时候了。费米接受了芝加哥大学的聘请，将回那里新成立的一个核研究所搞基础理论研究工作，并培养研究生。

许多"冶金学家"也相继决定离开洛斯阿拉莫斯。他们对基地紧张而受约束的战时军事化生活已经腻了，渴望回到平静的学术生涯中。

玻尔前不久已返回自己的祖国丹麦定居。老人从哥本哈根致函洛斯阿拉莫斯，向相处了几年的朋友们遥祝平安。Y 基地的那段岁月，玻尔终生难忘。

只有曾同费米讨论过热核爆炸的泰勒，一门心思想留下来，研制比原子弹威力更大的氢弹。他希望这个打算能得到奥本海默的支持，但奥本海默回答说："我既无这个权力，也不乐意这样做。"

泰勒又去找费米商量，费米也给他泼冷水。两个老朋友争论得面红耳赤，

最后泰勒放弃了这个打算,决定随费米一道去芝加哥大学搞基础研究。奥本海默听说后笑道:“这就对啦!”

在芝加哥大学成立核研究所的想法,最早是康普顿提出来的。1945年春,战争的局势已逐渐明朗,极具远见卓识的康普顿立即开始考虑,如何在战后发挥他麾下聚集的那批科学家的作用。而且时代的进步,也亟须培养一批年轻的科学家。他把成立研究所的想法,告诉了芝加哥大学的校长哈钦斯先生。哈钦斯非常赞成。

康普顿随即开始了筹划工作。为了落实主要人选,芝加哥大学的副校长、物理学部教务长在尤里的陪同下,7月专程去了一趟Y基地。但前两人没有进入基地的特别通行证,因此约了费米和艾利森、史密斯,到基地外面的一个地方会面。大家一面嚼着从洛斯阿拉莫斯带来的三明治,一面议定了所长人选。费米和史密斯都说自己没有搞过行政,艾利森找不出理由,于是被提名为所长。这个著名的研究所后来以费米的名字命名。

芝加哥的来人回去后即听说,就在几天前“三位一体”刚刚引爆了一颗原子弹。可是见面时他们毫无觉察,费米三人态度平常,一点也不像正处在令人激动的时刻!

费米夫妇离开洛斯阿拉莫斯的时间,是1945年底。他们带了一些纪念品,包括印第安人的陶器艺术品、珠宝,还有仙人掌、画片以及原子弹纪念徽章等,踏上了返回芝加哥的路途。

与他们同行的安德森别出心裁,带了一个不会说话的朋友——他在洛斯阿拉莫斯时买的一匹马,为此他专门订了一辆特别的拖车。后来在芝加哥,他经常骑着这匹马去公园散步。

他们离开基地时,正值除夕之夜,大家握手道别,依依不舍。费米夫人后来回忆说:

我们并不是满怀遗憾离开洛斯阿拉莫斯的唯一的人。在一起度过了这些岁月之后，在共同分担过同一任务之后，所有的人都为分手和要散布到全国各地去而感到惆怅。

是的，战争使大家相聚在这里，和平又让他们挥手告别。天涯何处无知己，四海之内皆兄弟。

芝加哥在等待着费米的到来。在这里，等待费米的还有一位万里来寻师的中国年轻的物理学家，他就是杨振宁。

中国弟子

zhongguodizi

1945 年 11 月下旬，一艘从亚洲开来的“史蒂沃将军”号轮船，缓缓驶入纽约港。

乘客们都踊上甲板，朝着高擎火炬的自由女神像频频挥手。人群中，有一个眉清目秀的华裔青年，兴奋地眺望着前方。他就是 23 岁的中国公费留学生杨振宁。

杨振宁祖籍安徽合肥，父亲杨武之是清华大学的数学教授，曾经留学美国芝加哥大学。杨振宁受父亲影响，从小聪敏好学，刻苦上进。他 1942 年毕业于西南联大物理系，1944 年夏天又以第一名的成绩考上清华大学物理专业留美公费生。一年后，这位中国学子怀着振兴祖国的远大抱负，登上了赴美寻师的征途。

1945 年 8 月下旬，杨振宁乘坐昆明—加尔各答的航班到达印度。在加尔各答港候船，等了将近两个月，好不容易才搭上“史蒂沃将军”号轮船。船在大海上航行了一个月，才抵达纽约。此时此刻，杨振宁的心情格外激动。他要投奔的老师不是别人，正是蜚声全球的费米。

早在西南联大物理系求学时，杨振宁就很景仰费米。

说来有缘，西南联大的好几位老师与原子物理学都有渊源。张文裕教授曾经在卢瑟福的门下学习过；吴有训教授当过康普顿的研究生；还有一位赵宗尧教授，20 世纪 20 年代曾在美国进行过射线实验。受这些老师的影响，杨振宁立下了探求原子奥秘的志向。他特别赞赏爱因斯坦、费米、狄拉克三位大科学家的研究风格。但爱因斯坦年事已高，杨振宁不便去打扰；狄拉克不在美国，于是杨振宁下决心追随费米。

"我一定要拜费米为师！"这个曾在他心中一次次升起的愿望，如今就要实现了。杨振宁不禁心潮激荡。

在纽约港上岸后，杨振宁匆匆安顿下来，立即到哥伦比亚大学去找费米教授。他兴冲冲地登上教学楼八楼，敲开了物理系办公室。

"请问，费米教授近期是否开课？"他问一个秘书模样的人。

"这里没有叫费米的教授。"对方答道。

杨振宁不禁大失所望。

"那您知不知道，费米教授现在在什么地方？"他仍然存着一线希望。

"抱歉，不知道。"这位秘书从来没有听说过费米这个人。

杨振宁怏怏地走出来。他不远万里而来，没料到纽约之行竟白跑了。他不可能知道，费米当时正在新墨西哥州的洛斯阿拉莫斯。

到哪里去了呢？杨振宁在纽约街头徘徊。他想到离纽约很近的普林斯顿。在费米完成第一次链式反应后，他的合作者威格纳教授离开芝加哥，到了普林斯顿大学任教。杨振宁在西南联大时，曾听说过这位杰出的美籍匈牙利物理学家。他考虑可以去找威格纳做博士研究生论文。

普林斯顿在纽约西南几十千米，是座淳朴宁静的小镇，也是一座著名的大学城。杨振宁怀着希望来到普林斯顿大学，想不到又扑了个空。维格纳教授外

出休假去了,而且他下个年度不开课!

正在走投无路时,杨振宁在普林斯顿大学门口,意外地遇到张文裕教授。张教授是前一年来普林斯顿大学做客座教授的。师生俩在异国相逢, 也是缘分。张教授告诉杨振宁,费米后来转到了芝加哥大学搞研究,在战时去洛斯阿拉莫斯参加了保密的“铀计划”,所以一般人不知道他的行踪。

“那现在费米教授在哪里呢? ”杨振宁急切地问。

张教授望着这位执著的学生微笑道:“算你运气不错, 听说费米教授即将回芝加哥大学。那里新成立了一个核研究所! ”

“那太好啦! ”杨振宁高兴得手舞脚蹈。

一个月以后,费米回到芝加哥大学。那时新年刚过不久,校园里飞舞着美丽的雪花。这位重返讲坛的原子物理学“教皇”,在办公室亲切地接见了杨振宁。从这一天起,杨振宁成了费米最得意的一名研究生。

当时正值二战结束,美国各个大学恢复了正常的教学及学术研究。大批学子回到校园,来芝加哥大学物理系的研究生格外踊跃,其中很多人是慕费米之名而来的。费米的身旁又聚集了一批充满活力的年轻物理学家。这年秋天,另一位中国留学生远渡重洋,来到芝加哥大学做费米的研究生,他就是李政道。

李政道比杨振宁小四岁,父亲是上海的富商。1944 年李政道考上浙江大学物理系,第二年转入西南联大。后由吴大猷教授推荐,选为公费赴美留学生。他和杨振宁既是校友,现在又同为费米的弟子,两人亲密无间,情同手足,在芝加哥大学度过了一段最难忘的时光。

费米对他指导的研究生倾注了巨大的热情, 他尤其注重教他们科学方法和创新精神。

费米讲课,总是那样简捷明了,一针见血。他有一种直觉明快的天赋,从不搞繁琐哲学。这个特点他在少年时代就具备了,并使他终生受益。他的风格就是善于抓住事物现象的本质, 杨振宁很佩服这一点。费米常对他的学生戏言道:“复杂的形式主义还是留给‘主教们’去搞吧!”他永远是“教皇”。

费米还喜欢在午餐时,和研究生们讨论各种问题。这些不拘形式的交流,涉猎广泛的智慧火花,使“他的孩子们”受益匪浅。他的博大精深、坦荡赤诚和奉献精神,在包括杨振宁和李政道在内的年轻物理学家心中,留下了永不磨灭的印记。

探索基本粒子之谜

tansuojibenlizizhimi

在大战结束时,费米曾断言原子物理学已趋于成熟。进一步的基础理论研究,将转向基本粒子的探索上。他的这个看法非常有预见性。事后的发展表明:物理学当时正步入一个新的领域——粒子物理学,科学家们把它称作“二战后物理学最兴奋的年代”。

重返芝加哥大学后,费米把研究重点转向了粒子物理学。他带的研究生也重点选择了基本粒子的课题,并且大有作为。

费米同基本粒子算得上是老朋友了!他早期的研究成果,诸如费米统计、弱相互作用理论等,都是基本粒子的经典理论;他同中子打了十几年交道,享有“中子之王”的美誉,而中子就是一种常见的基本粒子。

不过这十年间,基本粒子领域的研究发展很快,每一个新发现都给人们展现出一幅奇异的微观世界图。

古希腊时代,人们认为物质由原子组成,在希腊文中“原子”就是“不可分”的意思。原子就是古希腊人的“基本粒子”概念。这个传统观念延续了两千多年。

1906年—1908年,英籍新西兰物理学家卢瑟福通过实验发现,原子是可以分割的。卢瑟福用α粒子轰击金属箔,发现原子由带正电荷的原子核和外层带负电荷的电子构成。这一重大发现，使卢瑟福获得1908年的诺贝尔化学奖。1932年，卢瑟福的学生、英国科学家查德威克发现了中子，人们才明白原子核也是可以分的，它由质子和中子组成。后来又弄清楚了，α 粒子也由两个质子和两个中子组成。

费米在讲课

如果质子、中子和电子就是一切物质的基本构成单元，那就不应当再有其他的"基本粒子"了。世界会变得很简单。

事实并非如此。科学家们在宇宙射线中发现了许多别的基本粒子。比如费米曾经预见的中微子，还有其他一些"奇异粒子"。在这些微小的神秘客中，被谈论最多的是介子。

1934年费米的 β 衰变理论提出后，日本物理学家汤川秀树为了解释核力之秘，第二年提出了介子假说。这位日本学者受麦克斯韦电磁理论的启发，认为在核力场中可能存在一种粒子，其重量介于质子与电子之间，人们因此把它称为"介子"。汤川秀树运气颇佳，三年后两位欧洲学者从宇宙射线中发现了一种异常粒子，经过反复验证，就是他所预见的介子！汤川秀树后来因此获得了诺贝尔奖。

事情还只是个开头。接下来，在宇宙射线实验中又有一连串的奇异粒子被发现，命名也愈来愈古怪，诸如 π 介子、μ 介子、θ 介子、τ 介子，后来还有什么重子、超子等等。也许"基本粒子"是一个庞大的家族，也许基本粒子并不"基本"，它们可以无穷尽地分割下去……

费米重返基本粒子领域时，正处于“物理学最兴奋的年代”的前夜。为了更有效地揭开“基本粒子”之谜，除了靠“天赐”的宇宙射线，最好的办法也许是使粒子和原子在高速下碰撞，这样可以制造出新的粒子来，于是科学家们竞相制造大型的回旋加速器。

1947 年 7 月，在费米的主持下，芝加哥大学开始建造巨型回旋加速器。这个回旋加速器建在一个巨大的地窖里，在大街地平面以下很深处。回旋加速器将被封闭在一个厚厚的钢筋混凝土防护掩体内。

建造加速器的位置，正好选在具有历史意义的足球场“西看台”街对面。那里耸立起一座现代化的新建筑群，即芝加哥大学核研究所和加速器大楼。在加速器建造过程中，安德森又一次发挥了实干家的重要作用。这座回旋加速器是一座超级庞然大物：

几十块磁铁，每块重达 80 吨；

长四英里半的铜棒绕成的线圈；

12 英尺厚的钢筋混凝土防护墙。

整个工程耗资 250 万美元。加速器的巨型磁铁部件运到时，场面十分壮观。芝加哥市出动了大批警察和摄影人员，市政代表亲临现场，签发重型货车大街行驶许可证。共用事业、煤气和电气 方面的代表也赶到现场，监护路面下的设施安全。

费米把这座巨型回旋加速器比作现代金字塔 。他对劳拉说：

“回旋加速器就像埃及的金字塔一样，是人类历史上一座非功利主义的纪念碑。”

加速器于 1951 年初夏建成，费米非常激动。三个月后，费米迎来 50 岁生日。这位永不知疲倦的探索家，又投入了新粒子的实验研究中。

在费米的指导下，杨振宁也选中基本粒子作为主攻方向。师生俩 1949 年时曾合写了一篇文章《介子是基本粒子吗》。当时杨振宁刚获得博士学位，他觉得他们提出的问题还不成熟，对发表有顾虑。费米鼓励他说：“做学生的任务是解决问题，做研究人员的任务是提出问题。”杨振宁很受启发。后来文章发表了，引起广泛的注意，并为后来日本物理学家坂田昌一的理论提供了基础。

八位诺贝尔奖得主出席了1960年罗彻斯特会议（从左至右为：塞格雷、杨振宁、张伯伦、李政道、麦克米伦、安德森、拉比、海森堡。）

两年后，经费米和泰勒的推荐，杨振宁到普林斯顿奥本海默的研究所做了研究员。他继续在基本粒子领域驰骋，并与李政道合作，潜心研究“θ—τ之谜”。李政道当时在哥伦比亚大学搞研究。

两位中国年轻物理学家经过几年的探索，终于在1956年6月发现弱相互作用下宇称不守恒定律，揭开了基本粒子世界新的一页！

极有戏剧性的是，杨振宁和李政道的研究报告发表后，多数物理学家都不以为然。连声名显赫的泡利都怀疑道：“我不相信上帝是个无能的左撇子！”但是“蛇怪”塞格雷的一名中国研究生、年轻女物理学家吴健雄获悉这一消息后，立即全力以赴地投入实验验证。同年12月，她的小组用精确的实验证明了杨振宁和李政道的发现。

1957年1月5日，这一结果在哥伦比亚大学公布，立即引起世界物理学界的轰动。奥本海默激动地给杨振宁拍来祝贺电报，电文说：“终于找到了走出黑屋子的门！”

因为这一重大发现，杨振宁和李政道获得1957年的诺贝尔物理学奖。这也是中国人第一次获此殊荣。遗憾的是，他们的恩师费米教授已于1954年去世，未能亲眼看到这个场面。

终生不悔

zhongshengbuhui

费米在办公室

芝加哥大学的巨型回旋加速器运转后，费米以极大的兴趣投入到有关π介子的研究。安德森仍然是他的最佳搭档。

他们用π介子作炮弹，研究π介子在回旋加速器中轰击质子时的散射情况，结果发现散射的概率会突然增加，直到出现高峰。这同弦的谐振很相似。实际上，这是基本粒子的共振现象，也称为“共振态”。这个重要的发现，当时人们尚未意识到它的意义。到60年代后物理学家才发现，“共振态”是基本粒子普遍存在的共性。

顺便提一句，费米的学生和老朋友——“蛇怪”塞格雷，在战后也致力于基本粒子的研究。他和加利福尼亚的另一位物理学家用6.2千兆电子伏特的质子轰击铜靶，发现并逮住了反质子。这一重大成果，使塞格雷和他的合作者荣获了1959年的诺贝尔物理学奖。

回顾一下“蛇怪”的形象，似乎不像得大奖的角色。但只要是费米的学生，就有得诺贝尔奖的可能。翻翻历年的诺贝尔奖获奖者名单，除了杨振宁、李政道和塞格雷外，还有三人也是费米的弟子。真是名师出高徒！

能得诺贝尔奖是伟大的；能培养出六名得诺贝尔奖的学生，应该说更伟大！在近代科学史上，除了费米，只有卢瑟福、玻尔是这样的大师。

费米最后的研究工作，是宇宙射线的起源。他设计了一种有关总星系和质子动态的模拟机制，对后来的宇宙射线研究具有重要影响。在研究高能碰撞现象和粒子的多重产生上，他还引入了一种新的统计法，后来被研究者们广泛使用。

在研究工作的间隙，费米还经常到美国各大研究中心访问。他尤其喜欢和年轻的物理学家们进行广泛的交流和讨论，并从他们活跃的思想中吸取新东西。其中不少新秀，是他从前的学生或是指导过的新人。

1949 年费米偕同夫人回过一次意大利。费米伉俪所到之处，受到非常隆重和热情的欢迎。在那些新成长起来的物理学家心目中，费米成了胜利凯旋的传奇英雄。

踏上阔别十一年的故土，费米心情非常激动。比萨斜塔塔影依旧；罗马的喷泉仍在叮咚作响，仿佛唱着永远不息的生命之歌；不可一世的墨索里尼，却早已被钉在耻辱柱上。历史的辩证法多么无情，又多么公正啊！

无论是帝王的威仪，还是屠夫的权势，都是过眼烟云。只有宇宙和真理是永恒的！意大利祖国的山川和人民，永驻在游子的心中……

1954 年春末，费米的健康状况开始恶化。疾病来得很突然，但费米并没怎么介意。他照样坚持日常的工作，夏天时还去欧洲参加了国际物理学讨论会。9 月他回到芝加哥大学后，住进了医院。医生诊断他得的是不治之症胃癌。

费米意识到生命正渐渐离他而去，但他仍然保持着非凡的镇定和平静。他躺在洁白的病床上，望着窗外，灰蓝色的眸子偶尔闪过一点火光。这是他追忆一生事业的闪回。

那奇妙的陀螺、草地上奔走的蚂蚁群，还有金鱼池里那个熠熠发亮的银靶筒，从来没像现在这么清晰地重现在眼前……他还想起和拉赛迪搞的那次臭弹爆炸事件，忍不住吃力地笑了一下。也许那时就注定了，有一天他会领命制造原子弹吧……忽然一阵剧痛从胃部袭来，费米咬咬牙，停止了回想。

望着丈夫消瘦的面容和过早秃去的前额，守候在床边的劳拉难过得暗暗垂泪。费米轻轻抚摩着她的手背，这是无言的安慰。几十年的相与濡沫，他从心里感谢妻子。

费米也许知道，是长期的放射性工作夺去了自己的健康，但对自己的选择终生不悔。他宁愿做普罗米修斯，把天火偷给人间，把牺牲留给自己。科学是崇高的事业，从本质上说就是一种忘我的追求、一种无私的奉献！

1954 年 11 月 28 日，费米与世长辞，终年仅 53 岁。

在他去世前三周，杨振宁和另一位学生盖尔曼，代表所有同事到医院来看望他。费米留给他们的最后一句话是：

“宇宙的奥秘是无穷的，人类的探索也是无穷的……”

费米的遗体安葬在芝加哥。为了纪念费米对现代物理学的贡献，科学家把后来发现的第 100 号新元素命名为“镄”。他的祖国意大利科学院决定，定期在罗马举行国际“费米物理讨论会”。芝加哥大学也专门设立了一个“费米讲座”，并以他的名字命名核研究所。

费米留给后人的遗产，至今还在造福于人类。

附:

费米生平简历

1901 年 9 月 26 日,恩里科·费米生于意大利罗马,父亲阿尔伯特·费米是铁路职工。费米是家里的第三个孩子,上面有姐姐玛利亚和哥哥朱里奥。

1911 年 10 岁时就能理解 $X^2+Y^2=R^2$ 这个方程式表示一个圆。和哥哥朱里奥一起迷上达·芬奇的飞机设计草图,两人成功制作了小电动机。

1915 年 朱里奥因医疗事故意外去世。

1918 年 费米中学毕业。

考上比萨皇家师范学院,11 月初入学。

1922 年 7 月,获比萨大学博士学位。毕业论文为《伦琴射线的实验研究》。

1923 年 在柯比诺教授帮助下,获得教育部奖学金到德国哥廷根大学留学,在玻恩的指导下从事研究工作。

1924 年 转到荷兰莱顿大学,在艾伦菲斯特教授门下做研究。

春,回到罗马,暂时在罗马大学代课。

竞争卡利阿里大学物理教授职位失利,到佛罗伦萨大学任教,教力学和数学。

1925 年 24 岁,在《论理想单原子气体的量子化》论文中,提出著名的“费米统计法”,轰动了物理学界。

1926 年 在柯比诺盛邀下回到罗马。10 月,被聘为罗马大学教授。

1927 年 9 月,以意大利物理学家代表身份出席科莫会议,感受到现代物理学的潮流正向微观世界纵深进军。

1928 年 7 月 19 日，与劳拉结婚。

1929 年 10 月，27 岁的费米任意大利皇家科学院首批院士。

1930 年 6 月—8 月，费米应邀到美国密执安大学讲学，这是费米夫妇第一次访问美国。

1934 年 年初，完成了“β 衰变理论”。

1 月，法国科学家约里奥·居里夫妇用 α 粒子轰击铝元素，发现铝会放射出 β 射线，并且蜕变成另一种元素磷的同位素。这一惊人发现引起物理学界的轰动。

费米率领他的团队，用中子轰击所有的元素，发现铀原子核在中子炮弹的轰击下被裂变成几块！

10 月 22 日，又利用慢中子轰击获得人工放射性物质。

1935 年 10 月，意大利独裁者墨索里尼发动战争，入侵埃塞俄比亚。

1936 年 7 月，意大利公布了反犹太运动的《种族宣言》。10 月，希特勒和墨索里尼结成同盟。

9 月，意大利通过《反犹太法》。因为母亲是犹太人，劳拉感觉到法西斯的迫害迫在眉睫。费米夫妇作出离开意大利的决定。

1937 年 1 月，柯比诺去世。

1938 年 11 月 10 日，费米获悉获得本年度诺贝尔物理学奖。

12 月 6 日，费米夫妇带着两个孩子离开罗马。

12 月 10 日，在斯德哥尔摩领奖。38 岁的费米荣获 1938 年诺贝尔物理学奖的原因，是表彰他证明了由中子轰击所产生的新的放射性元素，以及在这一研究中发现了慢中子引起的核反应。

1939 年 1 月 2 日，费米夫妇带着两个孩子抵达纽约，从此在美国定居。

在哥伦比亚大学任物理学教授。

1942 年 12 月 2 日，在费米指导下设计和制造出来的核反应堆在芝加哥首次运转成功。这是原子时代的真正开端，也是人类第一次成功进行的核链式反应。

1944 年　夏，费米来到美国新墨西哥州的洛斯阿拉莫斯“Y 基地”，从事研究工作。

1945 年　7 月 16 日，以费米为核心的科学家在 Y 基地成功地试验了第一颗原子弹。

1946 年　被授予梅里特国会勋章。

回到芝加哥大学，任该校核物理研究所教授。

1953 年　被选为美国物理学会会长。被德国海森堡大学、荷兰乌特勒支大学、美国华盛顿大学、哥伦比亚大学、耶鲁大学、哈佛大学、罗切斯特大学和拉克福德大学授予荣誉博士。

1954 年　11 月 28 日由于胃癌，逝世于芝加哥，终年 53 岁。

为纪念费米对核物理学的贡献，美国原子能委员会建立了“费米奖”，以表彰为和平利用核能作出贡献的各国科学家。

1955 年　8 月，在瑞士日内瓦召开的和平利用原子能国际科学技术会议中，将 100 号元素命名为“镄”，以纪念在原子和原子核科学中作出卓越贡献的著名物理学家费米。100 号元素符号为 Fm。

图书在版编目（CIP）数据

费米 / 松鹰著. -- 太原：希望出版社，2012.6
（科学巨人的故事）
ISBN 978-7-5379-5758-8

Ⅰ. ①费… Ⅱ. ①松… Ⅲ. ①费米，E.（1901~1954）-生平事迹-青年读物②费米，E.（1901~1954）-生平事迹-少年读物 Ⅳ. ①K837.126.11-49

中国版本图书馆 CIP 数据核字（2012）第 092310 号

科学巨人的故事

费 米

松 鹰 著

责任编辑 谢琛香
美术编辑 白 翎
复 审 武志娟
终 审 杨建云
装帧设计 柏学玲
责任印制 刘一新

出 版：山西出版传媒集团·希望出版社
地 址：太原市建设南路 21 号
开 本：720 × 1000 1/16
印 刷：太原市财苑印刷有限公司
印 张：9.75 195 千字
版 次：2012 年 8 月第 1 版
印 数：1-10000 册
印 次：2012 年 8 月第 1 次印刷
标准书号：ISBN 978-7-5379-5758-8
定 价：18.50 元

编辑热线 0351-4922124
发行热线 0351-4123120 4156603

奖金授予罗马大学恩里科·费米教授，以表彰他证明了由中子轰击所产生的新的放射性元素，以及他在这一研究中发现了慢中子引起的核反应。

十几分钟后，费米的家里挤满了朋友，他们都向费米夫妇表示衷心的祝贺。这是费米的光荣，也是罗马大学和意大利的光荣！而此时此刻，街上的喇叭里还在广播“要吊销所有犹太人的护照”，劳拉的心头不禁悲喜交加。

接受诺贝尔奖

jieshounuobeierjiang

1938年12月6日，费米夫妇带着两个孩子和保姆离开了罗马。

几个最好的朋友，有拉赛迪、阿玛尔迪一家在火车站为他们送行。他们已知道费米一家将去美国定居。大家在月台上依依惜别，都不愿讲出这次分手对他们的含意。事实上，这是他们合作多年的研究集体的终结。罗马学派再也不存在了。拉赛迪也准备第二年离开意大利，到国外谋职。

朋友们都能理解，费米的出走是迫不得已的事。不是他背弃了故乡和亲人，而是疯狂的法西斯把这位意大利最优秀的儿子赶出了意大利。

火车就要开动了，列车员大声吆喝着“上车啦”。

费米紧紧握住拉赛迪和阿玛尔迪的手。

“大家多保重！”

“我希望能很快再见到你们。”拉赛迪声音低沉地说。

“一路平安！”阿玛尔迪的眼里闪着泪光。

火车缓缓驶出月台。费米夫妇从窗口探出身来，向朋友们最后一次挥手告别。

罗马的建筑和一株株塔松从窗外掠过去了。

费米望着窗外,心里默默地说:

“再见,罗马!”

“再见,我的意大利!”

一声长鸣的汽笛划过寒空。火车沿着北线,径直向斯德哥尔摩方向驶去。

劳拉小声地问费米:“路上会有问题吗?”

费米说:“现在没有什么能阻挡我们的了。”

劳拉还是有些不放心。从罗马到斯德哥尔摩,火车要行驶将近 48 小时,途中还要经过德国。一个多月以来,他们一直处在出国计划能否实现的担心之中。他们很清楚,墨索里尼的法西斯政权是什么事都可能做出来的。只要列车还在意大利境内,他们就不敢担保是安全的。

费米看出妻子的不安,他平静地拍拍劳拉的手背,似乎在安慰她:我们会平安无事的。

直到列车在布伦内罗山口通过了边境检查,劳拉发现费米才真正地松了一口气。

第三天,列车抵达瑞典首都斯德哥尔摩。费米夫妇一下列车,就被卷入诺贝尔奖花环和荣誉的旋涡中。瑞典人民向这位杰出的意大利科学家和他的夫人伸出了欢迎之手。

12 月 10 日,举行了隆重的诺贝尔奖金的颁奖仪式。

诺贝尔奖金是根据瑞典化学家诺贝尔的遗嘱设立的,从1901 年开始,每年颁发一次,世界各国只有在物理、化学、医学、文学及和平事业上贡献卓著的人,才可能获此殊荣。1938 年的诺贝尔奖只颁发了物理学奖和文学奖两项。物理学奖得主是恩里科·费米,文学奖得主为擅长写中国题材的美国女小说家赛珍珠。

诺贝尔物理学奖是公认的世界最高的科学荣誉。曾经获得过诺贝尔物理